認知症カフェハンドブック

武地 一 —— 編著・監訳
Takechi Hajime

京都認知症カフェ連絡会
NPO法人オレンジコモンズ —— 協力

クリエイツかもがわ
CREATES KAMOGAWA

ようこそ、認知症カフェへ

　今や誰が認知症になってもおかしくない時代です。英語ではeveryone's business（誰もがかかわること）とも言われています。

　そんな時代、認知症になったからと家に引きこもったり、家族の認知症のことで１人悩んだりするのではなく、気軽にふらっと立ち寄って、認知症のことを話し合ってみたい。そんな思いをかなえる場所、それが認知症カフェです。

　本の最初に、64歳で認知症と診断され、３年が経過した中西さんが、カフェで友だちと出会うことを語ってくれています。その次に、娘の河合さんが、カフェに出会うまでの悩みと、カフェに出会って開かれた新たな境地について書いてくれています。

　認知症カフェってどんなところ？　そう思う人はこの本を読み進めてみてください。決して思うほどには気軽に読みこなせる本ではないかもしれませんが、この本をくまなく読んで実践を重ねることで、誰もが気軽に立ち寄れる、そんな認知症カフェを運営することができると信じています。

　もちろん、カフェを運営しない方でも、この本を楽しんでいただけばと思います。Everyone's businessですから。

友だちができる場所

中西　栄子
Nakanishi Eiko

　私にとってオレンジカフェは、ホッと安心できる場所です。家に1人でいるとさみしいです。カフェに行くと、同じ年代の人と楽しくおしゃべりできます。今まで知らなかった人とも仲良くなれるので、とてもうれしいです。

　カフェに通うようになる前は、1日やることがない日が嫌でした。気軽に大勢の人と、どこかに行きたいなあと思っていました。2人きりでは何の話をしようかなと考えることがおっくうだったし、周りにいる人が多すぎると、誰と話したらいいのかわからなくて嫌でした。カフェでは、多すぎず少なすぎずの人数で話がしやすいです。

　カフェで行く散歩も楽しいです。（デイサービスなどでは歩く機会が少ないので）たくさん歩けることがうれしいです。1人での散歩は楽しくないのですが、やることがなかったら歩くしかなかったです。できたら、おしゃべりをしながら散歩をしたいなあと思っていました。みんなと行く散歩は、1人では味わえない楽しさがあります。「寒いなあ…」、「暑いなあ…」と言いながら歩いたり、みんなと「きれいやなあ」、「そうですね」と言い合えたりするのが楽しいです。

　週に1回、「あっ、またここに来たな」とホッとします。

カフェが開く新しい扉

河合　雅美
Kawai Masami

　母がオレンジカフェに通い始めて１年半余りになります。週１回のカフェ通いは、母の楽しみの１つです。64歳でアルツハイマー病と診断された当初、母は診断結果を信じていませんでした。診断前と変わらぬ生活をして、病気のことは誰にも明かしていませんでした。趣味のお寺巡りや、ランチ会を友人と楽しんでいましたが、そんな友人たちとも疎遠になってしまいました。そして、話し相手は近くに住む私だけになってしまいました。しかし、認知症であることを受け入れない母と、認知症なのだから病人らしくしてほしいと思う私とでは、うまくいくわけがありません。毎日、ケンカばかりでした。私は、認知症の人への対応の仕方がわからず、戸惑う日々が続いていました。診断を受けて２年半たった頃に、デイサービスに通うようになりました。しかし、認知症対応のデイサービスの利用者さんは、母よりずっと年上で症状も重い方ばかりです。この頃、母は「同じ病気の友だちがほしい」とよく言っていました。同じ病気の人と、日常のことを共感したり、相談したりしたかったそうです。この希望がかなったのは、カフェに通うようになったからです。

　カフェは、母と同年代の人が多く、スタッフも一緒にカフェ仲間との会話が弾みます。また、カフェでの散策は、みんなで歩きながら季節を感じ、同じ景色を見ながらのおしゃべりがとても楽しいそうです。カフェで仲良くなった友人に、母の通っているデイサービスを紹介して、今で

は2人一緒のデイサービスに通うようになりました。カフェで一日過ごした帰りに「また、明日ね」とデイサービスの約束をして別れます。仲間ができたからこその安心感やチャレンジ精神を母から感じます。

　母は、デイサービスに通い始めることをとても嫌がりました。最終的には、無理やり連れて行ったのですが、行ってみると楽しいというのが母の感想でした。後で、どうして行きたくなかったのか？と聞くと、デイサービスはお年寄りが行くところで、私の行くところではないと思っていたそうです。もう1つの理由は、毎日が楽しかったわけではないけれど、知らないところへ行くのが不安で怖かったそうです。これからの人生の中で知らない場所に行く機会があっても、友人と一緒なら不安に感じることなく楽しんで行けるような気がします。

　カフェには家族も気軽に行けるので、家族が参加することもお勧めです。私は、カフェに参加するまで母以外の認知症の人と話したことがありませんでした。カフェでは、そのような機会がたくさんあります。母以外の認知症の人と接していると、客観的な認知症の理解が深まり、新たな発見もあります。そして、母への対応を不安に思うことが少なくなりました。また、本人同士も仲良くなれますが、家族同士も仲良くなれます。認知症の人もその家族も、「どうすれば認知機能の低下が抑えられるか」ということに、とても関心があります。そんなことも、家族同士やスタッフとの雑談の中で、テレビで見た方法から自分で編み出した方法までたくさん知ることができます。例えば、カフェには「2人で計算しながら歩いて来る」というご夫婦の話を聞くと、「そうか、話題がない時は計算しながら歩くといいのか」と参考になります。私はどうしても、母のできないことに目がいってしまいます。しかし、カフェ仲間の前向きな取り組みを聞いていると、「母にもチャレンジできることが

たくさんある」と思えるようになりました。

　私にとってのカフェは、いろいろな情報が得られる場所でもあります。母が診断された当初は、母に関する手続きや利用できる制度など、時期がきたら誰かが教えてくれるのだろうと、漠然と思っていました。ところが、「誰も教えてくれない。情報は自分で取りに行かなければだめ」と知り、焦ったことを覚えています。その頃はカフェもなかったので、役所や保健所で情報を集めましたが、聞きなれない言葉や制度ばかりでよく理解できていませんでした。カフェに通うようになって、気軽に質問できるようになり、疑問を解決できるようになりました。カフェのスタッフには専門職の方も多く、先々の見通しも含めていろいろなことを知ることができます。介護保険制度、ケアマネジャーなど、初歩的なことから、障害者手帳の取得に関することも相談できました。

　カフェは、認知症の人やその家族にとって介護サービス利用とは違い、気軽に立ち寄ることができる場所だと思います。カフェは、いろいろなところにつながっています。通い続けることで、認知症の人やその家族が安心して生きていけるヒントをたくさん知ることができます。認知症の人の居場所であり、家族も含めて認知症とともに人生を楽しんで生きていけるきっかけになる場所だと思います。

認知症カフェハンドブック
まえがき

　この本を手にしていただいた方は、認知症カフェを自分でもやってみたいという方やすでに始めておられる方、さらには「認知症カフェって何？」と思われた方、中には認知症の人やその家族や友人などもおられると思います。高齢化の進展とともに認知症の人の数が増加し、高齢者の３〜４人に１人は認知症あるいは認知症の予備軍であるという数字が示されています。誰にとっても自分のこととして考える必要があります。

　私自身ももの忘れ外来というかたちで認知症の人や、認知症を心配する人々とかかわるようになって15年がたちますが、認知症という病気が、その初期の頃から本人やその家族を巻き込んで、多くの葛藤を生む姿を見てきました。その中には、家族が強い絆で支え合う姿もありましたし、逆に家族の関係が徐々に引き裂かれていく姿もありました。いずれの場合も、この病気とともにより良く生きるためには、現状ではかなりのエネルギーが必要だと感じていました。これは何とかしないといけないと思い、外来での小規模な家族の集まりを行なったり、診察前に家族の話しを聞く場を設け、診察時間には本人との対話を心がけるなどの工夫を行なってきました。しかし、もっと良いかたちがないか模索をしていたところ、オランダやイギリス、アメリカなどでアルツハイマーカフェ、コーヒーハウスなどの名目で、認知症の人や家族が語らう場所ができていると耳にしました。

　日本では介護保険サービスが普及し、認知症の人もデイサービスなどを多く利用していますが、自分たちが行なったこれまでの調査で、

自分で買い物や散歩などで外出できる人は、デイサービスの利用を望まないという結果が示されていました。家族や地域の人々が気軽に相談できる場所も不足しています。生活面や心理面で多くの課題を抱えつつ、適切なケアの場がないという「空白」を埋める場所として認知症カフェが必要だと感じていました。2012年2月、京都では「京都式認知症ケアを考えるつどい」という医療・介護・当事者の立場で認知症ケアを考える集会が行われ、2012京都文書という提言が出されました。それに向けて、認知症ケアの現状がどうなっているのかということについて、その実行委員会メンバーを中心に何度も議論をしました。その中で、若年性認知症の人および初期の認知症の人のケアが欠落しているということを多くの人が指摘しました。自分の感じていた欠落感が医療・介護、当事者の立場の人の多くに共有されている課題なのだということに背中を押され、自分でもカフェを始めることになりました。

　認知症カフェは、そのような初期の認知症の人やその家族をケアし、その人々が本来の姿を取り戻す場所という以外にもう1つ大きな役割があります。認知症の気づきの頃から、認知症が重くなるまでの経過全体を地域の中でその人らしく過ごしていくためのケアの流れを示すケアパスという考え方があります。そのケアパスというかたちで認知症ケア全体を考えた時、認知症カフェは最初の重要なポジションを占めます。認知症の人や家族にとっては、旅の最初の宿場町であり、共に力になる人にとっては、いわば橋頭堡ということができます。2012京都文書にも「認知症の人が今よりももっと豊かな人生を生きることができるようになることで、認知症の疾病観は確実に変わっていく」と記載されているように、認知症の人が豊かに生きる姿を多くの人々が知ることにより、認知症ケア全体が変わっていくはずです。

まえがき

しかし、実際に認知症カフェを始めてみると「カフェ」についての思いや考えが人によって大きく異なることに気がつきました。多様性を尊重すると言えば、それで良いのかもしれませんが、むしろ思い間違いや認識のずれというものも多く含まれていることが懸念されました。せっかく認知症の人や家族が安心して気軽に立ち寄れる場所ができればという本来の目的で取り組んでいる人々がいる一方で、それとは異なるカフェを目指している人々もいるのでは認知症カフェとして収束がつきません。しかも、この「空白」の場所は、これまでの制度では十分にサポートされていない部分、すなわちフォーマルとインフォーマルの境い目でもありますので、どのように形作るかに知恵と工夫が必要です。

　何らかの指針を示せればと考えていた時、この本の中で紹介するイギリスのメモリーカフェとアルツハイマーカフェ開設の手引きに出会いました。一読して、これだ！と思いました。その後、著者らにメールを書き、日本語への翻訳と出版を申し出たところ、快諾が得られ、今回の発刊に結び付きました。ただし、日本とイギリスで、認知症という病気がもたらす本質的な課題は共通であってもこれまでのケアの歴史や制度上、大きく異なる点もあります。たとえば、イギリスで始まったパーソンセンタードケアという考え方は日本でも広く知られていますが、認知症の人と家族の会のつどいの活動が日本各地ですでにあることや、介護保険のデイサービスが多くの人に手軽な利用料で利用されていることなどは異なります。そこで、私たちが２年半、認知症カフェを運営してきた経験や、2013年３月、認知症の人と家族の会を中心に行われた認知症カフェに関する報告書、そして、2014年６月に結成された京都府下各地のカフェの集まりである京都認知症カフェ連絡会メンバーからの意見や実態調査も参考にして日本の現状に沿っ

た手引きを執筆し、あわせて読んでいただこうと企画しました。

　開設の手引きと言っても随分ボリュームがありますので、まずアウトラインを把握しやすいように認知症カフェの手引きの概要を最初に示しています。そのあとに３つの手引きが並んでいます。最初の認知症カフェ開設のための手引きでは、あとの２つの手引きと重複する点は避けることも考えつつ、日本の現状や環境に沿ったかたちで記載しました。アルツハイマーカフェの手引きには、なぜこのようなカフェが始まってきたのか、カフェが必要とされる意味などを中心に、実際的な配慮なども詳しく述べられてあります。メモリーカフェの手引きでは、もう少し具体的な運営が直感的に把握しやすい感じで書かれてあります。３つの手引きを読み比べると、異なる指針が述べられている場合もあるかもしれませんが、その点は、認知症カフェというものがまだ定まったものでない面ももつことに起因している点でもありますので、カフェ設立・運営の際には、何を目指しているのかということを確認しつつ、その場その場で検討していただければと思います。

　もっと多くの実践や調査を重ねてから手引きを作ることも考えましたが、カフェを始めるにあたってまず手引きがほしいという意見が多数あり、今回の発刊となりました。内容的に不十分な点も多々あるかと思いますが、今後、認知症カフェをより良いものにするためご意見をお寄せいただければと存じます。最初のページにも書いたように、everyone's business ですから。

武地　一

CONTENTS

認知症カフェハンドブック

ようこそ、認知症カフェへ	3
●友だちができる場所　中西栄子	4
●カフェが開く新しい扉　河合雅美	5
まえがき	8

1　認知症カフェ開設のための手引き　概要　　15

2　認知症カフェ開設のための手引き　　35

① 認知症カフェとは？	36
② 開設を決めるまでの準備	37
③ どのような人や団体が認知症カフェを開くのか？	38
④ カフェ開設の頻度や時間数・時間帯・曜日について	39
⑤ どのような場所で開設するか	42
⑥ カフェの参加対象者（1）	43
カフェの参加対象者（2）	48
カフェの参加対象者（3）―カフェで学ぶスタッフ	50
⑦ 介護保険サービスとの関係	50
⑧ カフェの内容とスケジュール	51
⑨ カフェでの認知症の人とその家族、 　その他の参加者への座席や話し方の配慮	53
⑩ カフェ開催時の準備とスタッフ配置	54
⑪ カフェスタッフについて	56

⑫ カフェのミーティングと運営会議　58

⑬ カフェ参加による効果　60

⑭ 参加者負担（料金）について　61

⑮ カフェ参加人数　62

⑯ 提供する飲食について　63

⑰ カフェコーディネーターの研修　64

⑱ カフェスタッフ研修について　65

⑲ カフェ運営資金について（1）―どのような経費が必要か　66

　　カフェ運営資金について（2）―どうやって集めるか　70

⑳ 広報について（案内チラシ）　71

㉑ 認知症カフェとリンクした本人・家族の集まりや
　　認知症の人と家族の会との関係　73

㉒ カフェとその他の認知症関連事業との関連
　　初期集中支援チーム、徘徊模擬訓練、地域ケア会議　74

㉓ 自治体・行政との関係　75

㉔ その他の様々なFAQ　76

　Q1 「認知症カフェ」という認知症に関するカフェが
　　　なぜ必要なのですか？　76

　Q2 カフェでの診断などについて　76

　Q3 参加者に対するカフェの責任　77

　Q4 気をつけなければならない美しい文句　77

　Q5 高齢者サロンと認知症カフェの違い　78

　Q6 カフェでの認知症の人の役割について　78

3 **アルツハイマーカフェ開設の手引きとなるマニュアル**　79
翻訳　中川経子

4 **メモリーカフェ開設のための手引書**　127
翻訳　中川経子

5 認知症カフェの取り組みから　　165

- カフェ運営者の声　　森　俊夫　　166
- カフェ de おれんじサロン
  〜「社会福祉法人」が運営する1つのかたち〜　　橋本武也　　170
- ボランティアとしての認知症カフェへのかかわり　　172

カフェ紹介

1 オレンジカフェ今出川　　176

2 カフェ de おれんじサロン　　178

3 れもんカフェ　　180

4 若年性元気応援サロン　　182

あとがき　　184

イラスト：ホンマヨウヘイ
装丁・本文デザイン：菅田　亮

1

認知症カフェ
開設のための手引き
概　要

認知症カフェとは？

その1
（詳細は36ページ参照）

　認知症カフェは、認知症の人やその家族・知人、医療やケアの専門職、そして認知症について気になる人などが気軽に集まり、なごやかな雰囲気のもと交流を楽しむ場所です。足を運びやすい場所にあり、必要な時には相談も行います。オランダでアルツハイマーカフェとして始まったのがきっかけで、日本でも2012年、厚労省の文書に記載され、各地で開設されるようになってきています。

開設を決めるまでの準備

その2
（詳細は37ページ参照）

　認知症カフェは、その名のとおり「認知症＋カフェ」です。そのため①認知症について開設者とスタッフがよく知っていること、②カフェとして運営を行う準備をすることが求められます。通常は週1回〜月1回程度の開催が多いので、そのようなかたちを念頭に準備を行います。

どのような人や団体が認知症カフェを開くのか？

その**3**

(詳細は38ページ参照)

カフェを開設する可能性のある団体は以下の通りです。実際には、1つの団体ではなく、いくつかの団体・職種・人が共同で開設することがよくあります。

●社会福祉協議会

●社会福祉法人

●グループホームや小規模多機能などの地域密着型施設

●認知症の人と家族の会などの介護者組織

●医療機関（病院、診療所、訪問看護ステーションなど）

●地域包括支援センターや認知症地域支援推進員

●地域の関係機関が集まって組織する実行委員会

●有志の個人

●NPO法人

●介護関連企業

●地域の障害者施設や作業所

●既存のカフェやレストランオーナー

●その他

カフェ開設の頻度や時間数・時間帯・曜日について

その4

（詳細は39ページ参照）

　カフェ開設の頻度は週1回〜月1回程度で、1回あたり2〜5時間程度です。時間帯や曜日については決まりはありません。カフェ開催の頻度については、認知症という疾患の特徴を考えた上で、参加する人のニーズや参加することの意味や効果、そして、開催する側の労力や経費など双方の要因によって検討します。

どのような場所で開設するか

その5

（詳細は42ページ参照）

　カフェという名前の通り、生活の延長として気軽に足を運ぶことのできる場所に開設することが大事ですが、その他にも交通の便や広さ、雰囲気、経費など総合的に考えて検討します。

カフェの参加対象者

その6

（詳細は43ページ参照）

　最も基本的な参加者は認知症の本人とその家族や友人ですが、その他にも、カフェの運営によっては、認知症のことを心配している地域の人々、認知症のことをよく理解しようと思っている地域の人々、認知症以外でも、家に閉じこもりがちな人々なども含まれます。また、医療やケアの専門職やボランティアなどのカフェスタッフ自身もカフェの場で交流を楽しむという意味では、参加者と言えます。

　認知症とひとくくりに書いていますが、実際にカフェを運営し、参加者にとって有意義な時間となるためには、以下の諸点も認識しておく必要があります。カフェを開設した当初はさほど気に留めないかもしれませんが、カフェを長期的に円滑に運営する上では、とても大切なことです。

- 認知症と診断されているかどうか
- 認知症と告知されているか
- 認知症の中の、どの病気か
- 認知症の初期段階か、中等度やそれよりも重い状態か
- 行動・心理症候と呼ばれる症状を伴っているかどうか
- 若年性（65歳未満の発症）や超高齢など、認知症の人の年齢はどうか

介護保険サービスとの関係

その7

（詳細は50ページ参照）

　カフェに参加するにあたって要介護認定を受ける必要はありません。認知症カフェに参加するのは、要介護認定を受ける前や、要介護認定を受けてもすぐにはサービス利用につながらない場合が多いと思われます。「初期のケアが空白な期間」と呼ばれる時期でもあり、カフェの役割は重要です。

　介護保険のサービスと異なり、家族や友人も共に参加できる点も大事なことです。一方で、デイサービスなどの利用を開始しても、状況に応じての面もありますが、カフェに通うことは可能です。

カフェの内容と
スケジュール

その**8**

（ 詳細は51ページ参照 ）

　カフェの内容には大きく分けて３つのパターンがありえます。さらにはそれが混じったかたちになる場合もあるでしょうから多岐にわたる可能性はありますが、基本として３つを押さえておきましょう。それぞれのパターンで、参加する人への意義やスタッフの構成などが多くの点で異なると思われます。地域によってどのようなカフェが求められるかにも違いはあると思います。多様なカフェがあるのも大事ですが、これまでに様々なカフェで蓄積されてきた経験を学びつつニーズにマッチすることを見定めることも大事です。

1 オランダ・イギリスのアルツハイマーカフェのパターンで、ミニレクチャー、コンサートなどの催し、カフェタイムを骨格とするカフェ

2 通常のカフェと同様、開催時間中、自由に出入り可能で、一定のスケジュールやプログラムはもたないカフェ。歓談が中心になります

3 カフェタイム以外に創作などアクティビティーを柱に据えるカフェ

カフェでの認知症の人と その家族、その他の参加者 への座席や話し方の配慮

その**9**

（ 詳細は53ページ参照 ）

　認知症カフェには本人と家族がそれぞれ違うニーズをもっ て参加することが多々あります。また、それ以外にも様々な思 いをかかえて参加する人がおられます。スタッフはそれぞれの ニーズを把握し、座る場所や接し方を考える必要があります。

カフェ開催時の準備と スタッフ配置

その**10**

（ 詳細は54ページ参照 ）

　カフェの開催にあたっては、飲み物やカップ、テーブルの しつらえなど様々な事前準備が必要です。スタッフの手配も しておく必要があります。

　当日も会場の設定や飲み物の準備などから受付、座席への 案内、参加者との対話などスタッフの役割分担を決めておく と同時に、臨機応変に役割を補い合うことなどが求められま す。スタッフの配置にあたっては、経験などを考慮し、参加 者のニーズも考え、どのような参加者に誰が接するかなど、 ある程度決めておきます。

カフェスタッフ について

その 11
（詳細は56ページ参照）

　日本での認知症カフェはまだ始まったばかりなので、認知症カフェの必要性を感じる人々が有志で行なっている段階とも言えます。そのため、カフェスタッフは、市民や専門職のボランティアが中心です。

　市民の中では、介護経験者や介護・福祉・医療に関心のある人々が第１の候補になります。専門職はボランティアの他、対価を受け取るかたちで、専門的な相談やコーディネートを行うために参加する場合もあります。

カフェのミーティングと運営会議

その12
（詳細は58ページ参照）

　毎回のカフェの前に、その日、集まる人々の予想やその日のスケジュール、スタッフの役割などを話し合い、カフェ終了後には、その日の出来事を振り返り、学びを深め、次のカフェに生かすことが大事です。

　日々のカフェ開催の他に、カフェの経費、スペース、スタッフの役割調整、先々の見通しなど、認知症カフェの運営には様々な検討課題が出てきます。そのため、カフェの中心的なメンバーが、カフェ開催時以外にも運営会議などをもち、協議を重ねることが望まれます。

カフェ参加による効果

その**13**

（詳細は60ページ参照）

　カフェに参加することは、認知症の人にとっても、その家族や友人にとっても、そして、スタッフである専門職や市民ボランティアにとっても意味のあることです。カフェの活動は始まったばかりなので、在宅期間を延長するとか、認知症の行動・心理症候を抑制するといったデータは十分ではありませんが、徐々に参加者が増えていることや、カフェの場で語られる様々な言葉から、その効果が実感されます。

　認知症の人にとっては、仲間と共に歩んでいけること、自分の役割や社会性を見直すことができることなどの意味があり、家族や友人にとっては、自分たちだけでないことを知り、相談や情報交換を行うことで新たな道が開けることを実感するようです。専門職や市民ボランティアスタッフも、認知症の人やその家族と、人と人との交流から得られる様々なことから学ぶことは多いようです。

参加者負担（料金）について

その14
（詳細は61ページ参照）

　参加料金は通常100円〜500円程度で、実費相当のことが多いと思われます。

カフェ参加人数

その15
（詳細は62ページ参照）

　カフェの参加人数は開設当初は数名のことも多いかもしれませんが、地域のニーズに合えば、数十名になる場合もあります。カフェの内容によっても大きく異なる場合もあるので、参加人数だけをカフェがうまく運営されているかどうかの指標にすることは意味がないでしょう。

提供する飲食について

その **16**
（詳細は63ページ参照）

　カフェですので、コーヒーや紅茶などの飲み物が中心になりますが、小さな茶菓あるいはケーキなどを添えることもあるでしょうし、運営方法によってはランチなどを提供する場合もありえます。しかし、この点では通常のカフェとは異なること、必要に応じて、保健所、税務署と相談する場合もあることは認識しておきましょう。

カフェコーディネーターの研修

その**17**
（詳細は64ページ参照）

認知症カフェはまだ始まったばかりで正式な開設者研修等はありませんが、カフェ開設者が運営について開設時あるいは定期的に学ぶことが望まれます。

カフェスタッフ研修について

その**18**
（詳細は65ページ参照）

カフェスタッフとして、市民ボランティアが大事な位置を占めますが、認知症という疾患について、単に知識だけでなく、実践的に知識を深めることは大切です。そのため、様々な研修機会をつくることが望まれます。

カフェ運営資金について

その19

（詳細は66ページ参照）

（1）どのような経費が必要か

　カフェの運営に必要な資金は、スタッフ人件費と場所代が大きな割合を占めます。開催頻度や内容によって大きく異なるので、どのようなカフェにするのかという点もあわせて慎重に検討しましょう。飲み物にかかる費用などは参加者負担により実費でまかなわれることが多いと思われます。

（2）どうやって集めるか

　運営資金は経費がどの程度になるかによりますが、可能性としては以下のようなところから資金を得ることが考えられます。

❶自治体の認知症カフェ開催等に関する助成金
❷財団、社会福祉団体などの補助金や助成金
❸自治体のまちづくりなどに関連する助成金
❹実施主体の自主運営資金
❺チャリティーやバザーなど
❻寄付金
❼NPO法人などの会費・運営収入からの拠出
❽自治体の地域支援事業に関する経費
❾社会奉仕団（ライオンズクラブ、ロータリークラブ、ソロプチミスト等）の助成金
❿参加者自己負担
⓫その他

広報について
（案内チラシ）

その20
（詳細は71ページ参照）

　カフェの広報としては、案内チラシを、地域の社会福祉協議会、保健センター、介護予防推進センター、地域包括支援センター、医院・病院、役所などに置かせてもらうといいでしょう。また、地域の広報や、新聞の告知欄に載せてもらう方法もあります。また、具体的に地域の医師・ケアマネジャーなどに声をかけてもらう場合もあるでしょう。インターネットのホームページやフェイスブック、ツイッターなどを使うことも可能です。

　カフェの広報をすること自体が、認知症について地域で理解してもらうきっかけにもなりますので、そのことも意識して、広報を考えましょう。

認知症カフェとリンクした本人・家族の集まりや認知症の人と家族の会との関係

その21

（詳細は73ページ参照）

　カフェの場では、本人あるいは家族それぞれのニーズを満たすことが難しい場合もありますが、カフェは本人・家族が一緒に、その他の本人・家族と交流できる大切な場所です。時には、カフェとリンクしたかたちで本人同士の集まりや家族会などを運営することも検討しましょう。認知症の人と家族の会などの介護者団体と情報交換や交流を行うことも大切です。

カフェとその他の認知症関連事業との関連

初期集中支援チーム、
徘徊模擬訓練、地域ケア会議

その**22**
（ 詳細は74ページ参照 ）

　認知症カフェと認知症の初期集中支援チームや徘徊模擬訓練、地域ケア会議は、多職種専門職と地域の人々がかかわることで、共通点があります。それぞれで培った連携の輪が、それぞれの特徴を生かしつつ各々の活動にリンクしていく可能性があります。

自治体・行政との関係

その**23**
（ 詳細は75ページ参照 ）

　認知症カフェの取り組みは今後ますます必要になることが予想されますが、医療や介護保険のサービスではないこと、地域の様々な人の協力（インフォーマルなかかわり）が必要なことから、地域づくりの観点も求められます。そのような点で、自治体や行政も、認知症カフェという新しい取り組みとの関係づくりを求める場合が出てきますので、上手に協力するようにしましょう。

その他の様々なFAQ

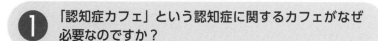

その24
（詳細は76ページ参照）

1 「認知症カフェ」という認知症に関するカフェがなぜ必要なのですか？

2 カフェでの診断などについて

3 参加者に対するカフェの責任

4 気をつけなければならない美しい文句

5 高齢者サロンと認知症カフェの違い

6 カフェでの認知症の人の役割について

1 認知症カフェ開設のための手引き　概要

2

認知症カフェ開設のための手引き

その①　認知症カフェとは？

　認知症カフェとは、認知症の人とその家族・友人にとって自分らしさを発揮し、社会とかかわりをもてる場所であるとともに、情報交換や共感ができ、心が安らぐ場所として運営されるカフェです。専門職や研修を受けた市民ボランティアも参加し、カフェという日常的な場で、交流することを通じて、認知症への偏見をなくし認知症になっても暮らしやすい地域をつくるきっかけとなる場所でもあります。

　2012年6月に厚生労働省から出された「今後の認知症施策の方向性について」という文書の中に、「認知症カフェ」の普及について、【国の予算補助事業である「認知症対策普及・相談・支援事業」や地域支援事業で行われている「家族介護支援事業」において、一部の地域で実施されている「家族教室」（認知症に関する知識の習得や情報共有を図る場）や「認知症カフェ」（認知症の人と家族、地域住民、専門職等の誰もが参加でき、集う場）の普及など内容の充実等を図る】と述べられています。

　認知症カフェの原型になったのは1997年にオランダで始まったアルツハイマーカフェの活動であると言われています。認知症と診断された人やその家族が、コーディネーターの司会のもと集まり、くつろいだ雰囲気の中で、認知症という病気の体験を話し合い、情報交換を行なったり共感を得たりする場所としてオランダでその後も発展し、イギリス、アメリカなどにも広まっていきました。

　この手引きで書くことをまとめて書くかたちになりますが、認知症カフェの理想的なかたちとしては、次ページの図に示すように、みずから案内を見たり、地域のいろいろな人々や関係機関が、認知症のこ

とが気になる人や家族、そして専門職などに声をかけたりして集まり、そこで気軽な交流を楽しむところです。気に入れば（運営者にとっては、気に入ってもらえるような場所にすることが大事ですが）常連として毎回のようにカフェの雰囲気を味わうこともできます。認知症のことがさらに気になる場合や必要がある場合には、そこから図の右側にあるような機関につながっていきます。楽しみと悩みと学びが交錯しつつ、人の輪が広がっていきます。

認知症カフェの役割と諸機関等との関係

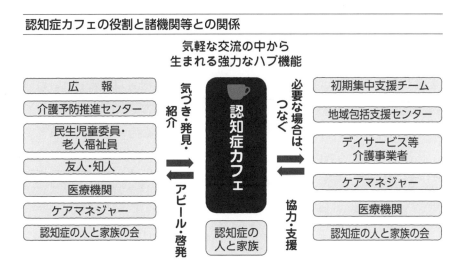

その2　開設を決めるまでの準備

　認知症カフェは幸い多くの方々が関心をもち、みずから開設してみようという方も多くおられます。開設にあたっては、2つの大切な要素があります。1つは、もちろん認知症という病気をよく知って開設すること。そして、もう1つは、語らいやコーヒーなどを楽しむ場で

あるカフェをオープンするということです。まさに「認知症＋カフェ」
です。

　認知症という病気は、人間の最も複雑な臓器である脳全体の病気で
すから、その障害によって、その病気をもつ人がどのような困難をか
かえているのか、また、その周囲の人々が日々どのように向き合って
いるのか、よく学んでおくことが大事です。この本は認知症を学ぶ本
ではないので、詳しくは別の書籍を読んでいただければと思いますが、
認知症のことでカフェにかかわる大事なところは、随所に記載してい
きます。

　２番目のカフェであることについて、もちろん、認知症カフェで生計
を立てようとする人はごく少数だと思いますが、物品の用意やそのため
のお金、スタッフのやりくり、地域の中におけるカフェの役割など、通
常の街角のカフェに似た準備や認識が必要な要素もたくさんあります。

　認知症カフェを開設するにあたっては、この２つの要素をよく考え
て、計画しましょう。具体的には、このあとに順番に述べていきます。

その③　どのような人や団体が認知症カフェを開くのか？

　認知症カフェを開設する母体としては様々な候補があります。開設
母体によって、どのような形態のカフェにするのか、スタッフの構成、
経費などの面も変わってきますが、「認知症カフェ」としての基本は
何かを見据えながら、運営していくことが大事です。例えば、医療機
関が母体であっても、開催場所は地域の中のカフェスペースなどを使
う場合もありえます。また、認知症カフェの１つの大事な意義として、
地域の人々や専門職が顔の見える関係を構築するという点があります。

そういう意味では、1つの団体だけが母体になるよりも、あるいは、母体は1つの機関であっても、地域の多くの組織が集まってカフェを運営することは重要です。

カフェ開設候補となる個人や団体

- 社会福祉協議会
- 社会福祉法人
- グループホームや小規模多機能施設などの地域密着型施設
- 認知症の人と家族の会などの介護者組織
- 医療機関（病院、診療所、訪問看護ステーションなど）
- 地域包括支援センターや認知症地域支援推進員
- 地域の関係機関が集まって組織する実行委員会
- 有志の個人
- NPO法人
- 介護関連企業
- 地域の障害者施設や作業所
- 既存のカフェやレストランオーナー
- その他

その 4　カフェ開設の頻度や時間数・時間帯・曜日について

　カフェ開催の頻度や時間の長さもとても大事な検討課題です。この点もカフェの運営目的や経費など様々な点が関係するので、簡単にこうですということは難しいですが、ここでは京都認知症カフェ連絡会参加カフェの実態を参考に記載しておきます。

カフェ開催の頻度では、月に１回が最も多く、月に２回あるいは週１回が、それに次いでいます。

　この頻度はどのような要因によって決まるのでしょうか？　おそらく、**参加する人のニーズや参加することの意味や効果、そして、開催する側の労力や経費など双方の要因によって決まるのではないでしょうか**。認知症という病気の特性に、「忘れる」ということがあります。月に１回の参加が、本人の心の拠りどころとしてどれほどの意味をもつでしょうか？　ただ、一方で、初期の認知症の人が月に１回の友人との集まりを大切に思って習慣にしている場合や、馴染みの理髪店・美容院に行くことを楽しみにするなど、月１回でも参加する場所があることは意味があるとも言えます。認知症の本人にとって、カフェがどのような意味をもつのか、慎重に見極めることが大事です。

　一方、認知症の人の家族や友人にとって、認知症の人と共に認知症のことを学び、他の認知症の人と交流する場所としてのカフェに月１回参加することは明らかに意味があることのように感じます。ただし、介護などでの深刻な悩みや課題をかかえている場合には、カフェの場での相談をきっかけに、もう少し密な相談につながることが必要な場合もあります。

　閉じこもりがちだけど、まだ記憶低下は目立たない人などは、月に１回のカフェに参加することは意味があることのように思います。

　開催頻度については、スタッフや経費の要因も考える必要があります。

　一般市民のボランティアの場合も専門職のボランティアの場合も１ヵ月に１回、あるいはカフェ運営メンバー同士でシフト・輪番を組

●京都認知症カフェ連絡会参加カフェの実態

運営主体	箇所数
社会福祉法人	12
社会福祉協議会	4
団体（地域組織・実行委員会）	4
ＮＰＯ	3
財団法人	2
株式会社	2
医療法人	1

開催頻度	箇所数
月1回	11
週1回	6
月2回	6
月3回	2
月8回	1
2ヵ月に1回	1

会場	箇所数
福祉施設	10
公共施設（コミュニティーセンター・公民館）	10
古民家	2
病院	1
喫茶店	2
コミュニティーカフェ	1
足湯	1

開催時間	箇所数
1時間30分	6
2時間	16
2時間30分	1
3時間	1
5時間	3

参加費	箇所数
無料	4
100円	6
200円	2
300円	8
500円	6

運営形態	箇所数
行政委託	12
自主運営	14
不明	1

●京都府下の認知症カフェの状況について（京都認知症カフェ連絡会会員カフェ情報に基づく）

※まだ始まったばかりのカフェも多く、その状況の中でのデータです。

み、２ヵ月に１回の参加である場合などは、負担もそれほど大きくはないかもしれません。一方で、週１回とか、それ以上、開催する場合は、主軸となるメンバーが、それに専念するかたちになったりもしますので立場や時間的な余裕、熱意など様々な因子が必要になります。

　経費・場所についても、１ヵ月に１回の場合は、公的な場所の一角などを借りることが比較的可能な場合もありますが、週１回の開催などになると、専用の場所が必要になる傾向があると思います。そうなると、場所を探すのに工夫や経費が必要になってきます。

　このように、スタッフの労力や経費、場所についても考えて開催頻度を決めることになります。

その⑤ どのような場所で開設するか

　認知症カフェは地域の人々にとって生活の延長線上にあるのが理想的です。そのような意味では、病院や人々が足を運びにくい場所にある施設に併設するのは望ましいかたちではありません。

（⇒詳しくはアルツハイマーカフェガイドやメモリーカフェガイドも参照）

- できれば街中
- 交通の便利なところ
- 20〜50名程度入ることができるところ

　運営形態にもより大きく異なることが想像されますが、通常の喫茶店に比べて、スタッフの数も多く、また、少し離れて相談にのったりする場合もあることから、ある程度、余裕のあるスペースが望まれます。

資金とも密接に関係するため、資金のところでも資金とのからみで開設場所について詳しく記載しています。

交通については、地域によって大きく違うと思われます。認知症の本人と家族、あるいは認知症の本人または家族単独での参加など、いずれの場合も、カフェまではみずから来るのが普通です。しかし、交通の便や人手の有無によって、自動車での送迎なども検討することがあります。

その⑥ カフェの参加対象者（1）

どのような人が参加する認知症カフェを開設しようとするかは、開設を準備したり、実際にカフェが始まってからも検討を続ける必要のある大事な課題です。そのために、どのような準備が必要か、関係各機関とどのように連携を行うかなど、様々なことと関係しますし、実際、カフェを開設することの意味にもかかわりますので、よく考えましょう。

最も基本となる参加者
- 認知症の本人
- 認知症の人の家族や友人

カフェによっては、次のような人も参加者になります。これについては、参加対象者（2）に記載します。

- 認知症のことを心配している地域の人々
- 認知症のことをよく理解しようと思っている地域の人々
- 認知症以外でも、家に閉じこもりがちな人々

　認知症の場合も、認知症の本人と簡単に書きましたが、カフェ参加の関係で考えると、認知症の本人にも様々なケースがあります。

- 認知症と診断されているかどうか
- 認知症と告知されているか
- 認知症の中の、どの病気か
- 認知症の初期段階か、中等度やそれよりも重い状態か
- 行動・心理症候と呼ばれる症状を伴っているかどうか
- 若年性（65歳未満の発症）や超高齢など、認知症の人の年齢はどうか

　他のこともよく考えて、認知症カフェ全体として、あるいはあなたが開こうとしているカフェにおいて、どのような認知症の人が対象になるか、考えましょう。

　参加者の中で最も多いのは、①認知症と診断され、告知もされているアルツハイマー型認知症の人で、その初期段階におられる方、そして、精神症状が目立たず、身体的にも比較的元気で、カフェで和やかに過ごすことが可能な人かと思います。

　一見落ち着いているように見えても、認知症が始まった時の本人やその家族の孤独感、迷いは想像以上に強く、同じ病気の人同士の励まし合いや気軽な語らい、そして、その中に、認知症のことを理解したスタッフがいることは大きな癒しになると考えられています。また、

その家族や友人など身近な人々にとっても、本人が本人らしさを発揮できる場所を得ると同時に、家族として日々の出来事や悩み事の相談を、同じような境遇にある人と話し合える場所はとても大事だと思います。認知症のことに詳しいスタッフと相談できることも大切です。

では、①の場合の他はどうか、考えてみましょう。

特によくあるケースは、②認知症であるが、診断あるいは診断も告知も受けていない人はどうでしょうか。認知症の告知について、今のところまだ十分に普及しているとは言えないので、ここは難しい点ですが、「認知症カフェ」の役割の1つの大事な点が、診断・告知を受けた後に、認知症という病気とどう向き合っていくかヒントを得る場所であり、認知症の人同士がお互いに助け合い励まし合うことが大事なポイントであるとすれば、できれば、認知症であると告知を受けていることは大切なことです。しかし、そうは言っても、実際には告知を受けるのはなかなか難しいことも多く、逆にカフェに来て、カフェで何度も過ごすうちに、認知症という病気を受け入れるようになることも少なくないと思います。

一方で、診断については、認知症という病気は多くの病気の集まりであり、アルツハイマー型認知症やレビー小体型認知症という長期的に付き合っていく必要がある病気の他に甲状腺機能低下症や正常圧水頭症などのある程度治療効果が期待できる病気なども含まれます。一度はきちんと診断を受けることが大事です。ただし、そうは言っても、診断のために診療所や病院に受診することが難しい場合も少なくなく、認知症カフェは、受診するまでの心構えをもったり、カフェに来て、相談するうちに受診につながる場合も多いと言えます。

③認知症のどのタイプの病気であるかという点については、割合的

に多数を占めるアルツハイマー型認知症の方が、最も参加される可能性が高いでしょう。アルツハイマー型に次いで割合の多いとされる脳血管性認知症、レビー小体型認知症、前頭側頭型認知症あるいはその他の認知症の人も参加可能でしょうが、スタッフがそれぞれの病気について接する時のポイントを知っていることが必要になることや、参加する人のほうでも、症状が異なるために情報交換が十分にはできないなどの満ち足りない感じが残ってしまうかもしれません。少なくともカフェの中心的スタッフは、認知症のタイプによる違いを理解してカフェでの過ごし方をアレンジ・提案する必要があります。

④認知症の重症度について。

認知症カフェの最も本来的な対象になるのは、認知症の初期段階の人々と、その家族です。認知症という病気に出会った本人・家族・友人などの戸惑いは大きなものがあります。そのような時期に、本人として同じ病気をもった仲間を見つけ、お互いに境遇を分かち合うことで、自分らしさを見失うことなく、社会参加を継続するきっかけをつかむ場所として認知症カフェが有効に機能すると思われます。また、家族や友人にとっても、初期の頃に同じような経験をしている人々や地域の専門職に出会って、認知症の本人を見守る立場での困難さや境遇を分かち合うことや助言を聞くことはとても大切なことです。

それでは、認知症が徐々に進行した場合はどうでしょうか？　認知症になっても、そして、その病気が初期の段階から中等度、重度になったとしても、人間として、その人の存在はなんら変わることがないと言えますが、アルツハイマー型認知症の場合、中等度になると、トイレ動作、着衣など身の回りのことをする力や、見当識の衰えによる周囲の状況を把握する力が低下してきます。そのような時に、ボランティ

アスタッフが主な運営スタッフであるカフェなどでは、介助が難しく、結果的に本人やその他の参加する人にも危険なことがあります。また、その段階になると、家庭での生活にも様々な援助が必要になり、日本では介護保険サービスの良い適応になります。認知症カフェの役割として、認知症という病気に出会った時の衝撃を和らげるという大きな役割がありますが、そこで衝撃を受け止め、本人にとっても、家族や友人にとっても、次の役割を担う介護サービスにつなぐことは大切なことです。

⑤来店する認知症の人の年齢についても考えておく必要があります。「若年性認知症の人の行く場所が少ない」ことに対して、認知症カフェを開設する場合があるでしょう。50歳代60歳代の体力のある時に認知症になった場合、単に体力ということだけでなく、認知症になったという精神的な負担は大きなものがあります。また、介護＝高齢者というイメージも強く、実際、介護サービスを利用しているのは高齢者が多いため、若年性認知症の人にとって介護サービスを使うことにはハードルがあります。その意味では、若年性認知症の人を対象にした認知症カフェは重要な存在とも言えます。しかし、実際には、65歳以上で発症した人に比べて、若年性認知症の人の数はかなり少ないとも言えます。そのため地域に開かれたカフェとして運営を始めても、若年性認知症の人は少なく、同じ立場の人が集まるのは難しいかもしれません。若年性に重点を置く場合、ある程度広い地域から来店を呼びかけるとか、高齢者の中でも70歳代前半までの比較的若い人と一緒に集まる工夫をすることなどが大切です。心理的にも定年前後の頃と、一線を退いた80歳、85歳という年齢では、社会参加に関する意識には差があります。このような点も考えて、カフェ対象者を考える必要があります。

それぞれのカフェで、スタッフ構成や参加者の構成、運営場所、医療・介護資源との連携や関係性などによっても異なる面は多いので、それも含めて、来店者の認知症の状況を判断することが大切です。また、カフェを始めて1年2年と経過するうちに参加者の状況やカフェの運営も変化することが考えられますので、カフェの目的が何であるのかを考えつつ、その時々に応じて検討していくことが大事です。

その⑥ カフェの参加対象者 (2)

以下の人については、参加対象者(1)とは別にここに記載します。

- 認知症のことを心配している地域の人々
- 認知症のことをよく理解しようと思っている地域の人々
- 認知症以外でも、家に閉じこもりがちな人々

認知症カフェを開く時、主催者によっては、最初、認知症の本人に集まってもらうことが難しいと感じるかもしれません。認知症の早期診断などを行なっている医療機関やそことの結び付きが強い場合、あるいは、ケアマネジャーなどがデイサービスを勧めても、「まだ介護は必要がない」と断られる方などを初期の認知症として把握している場合などは、カフェへの参加を促すことが可能ですが、社会福祉協議会や介護施設などがカフェを開催する場合、対象者の把握や勧誘に困難さを感じることもあるでしょう。そのような場合、「認知症のことをよく知りたい」「認知症を予防したい」「認知症が心配」という地域の人々はかなり多数おられるので、そのような人を対象に、認知症予防教室、認知症

啓発などの名目で、認知症に関連した集会を行うことが考えられます。

　地域活動として、認知症サポーター（オレンジリング）を増やすことは大切なことであり、様々なかたちで啓発活動を行うことも大事です。しかし、それらの活動と、認知症カフェを混同すると、認知症カフェの意味合いが大きくずれることになります。

　現在の日本では、まだまだ多くの高齢者が、「認知症だけにはなりたくない」「認知症になったら生きている甲斐がない」「認知症になったらおしまい」などと考えておられます。そのような方々が、認知症予防などを掲げると集まりやすいのですが、そのような人が集まると、本来の認知症カフェの対象者である認知症の本人やその家族は、認知症カフェを心理的に安全な場所として認識することが難しくなります。また、スタッフに求められる資質も大きく異なります。

　しかし、もう一方で、認知症の人が462万人、その予備軍が400万人と言われる時代、高齢者の４人に１人が認知症あるいはその予備軍と考えると、４人の友人あるいは２組の夫婦が集まれば誰か１人、あるいは、孫の立場に立てば、自分の祖父母のうちの１人が認知症を患っていると言える割合ですから、誰にとっても認知症という病気は他人事ではありません。そのようなことを考えると、認知症について関心のあるすべての人を認知症カフェの対象とすることは必ずしも間違ったことではないかもしれません。

　ここでも大事なことは、認知症カフェのコーディネーターであり、認知症カフェ運営のポリシーです。「認知症の人とその家族・友人にとって、自分らしさを発揮し、社会とかかわりをもてる場所とするとともに、情報交換や共感ができ、心が安らぐ場所を提供する」「その結果として、認知症への偏見をなくし、認知症になっても暮らしやすい地域をつくる」という認知症カフェにとって最も大切な基軸がぶれな

ければ、あとは、カフェ運営者の力量によって、認知症をキーワードに集まってくる人々すべてにとって、居心地の良い場所にしていただければと思います。

その⑥ カフェの参加対象者 (3) ―カフェで学ぶスタッフ

　地域の専門職やボランティアなど、以下にスタッフとして記載する人々も実際にはカフェの参加者とも言えます。カフェでのスタッフと認知症の人やその家族との関係は「介護する人、介護される人」というかたちではありません。カフェは「共に同時代を生きる人」の交流の場です。カフェが、認知症になっても社会に参加し、みずからのできる範囲で役割を担う場あるいはそのきっかけを得る場所であるという観点に立つならば、カフェはスタッフにとっても認知症の人やその家族から人間としての様々な学びを得る場所であり、その輪を広げていく場所でもあります。

その⑦ 介護保険サービスとの関係

　これまで認知症の人のケアに関するサービスは介護保険のサービスとして行われることが多く、デイサービスやデイケアなどのサービスを受けるには、役所や地域包括支援センターに行き、要介護認定を受けることが必要でした。
　認知症カフェは介護保険サービスの代替となるものではなく、これまでにはなかった認知症ケアのかたちをもつ場所です。「初期のケアの

空白期間」と呼ばれることもありますが、初期の認知症の人や認知症と診断を受けていてもまだ自分で身の回りのこともできるため介護を受けることへの拒否感など様々な理由で介護サービスを受けにくかった認知症の人、さらにはまだ認知症かどうか診断がついてもいないが心配している人などが対象になります。

　一方、カフェに参加したいが、既に要介護認定を受けていたり、デイサービスなどを利用している場合はどうでしょうか。カフェによっては、介護保険のサービス利用を開始した場合、カフェへの参加を中止し、介護保険サービス利用に移行することを勧める場合もあるかもしれません。カフェのスペースや人員の関係などでやむを得ない場合もあるでしょうし、カフェには専門の介護職がいないため要介護の状態に対応できない場合もあります。この点については、カフェのスタッフでよく検討しておきましょう。

　また、介護保険サービスは認知症の本人が使うサービスですが、認知症カフェは家族や友人が一緒に参加して、認知症のことを相談したり、理解を深めたりすることができることも特徴です。

　認知症カフェは、介護保険とは異なり、介護保険財政とは直接関係がありませんので、運営には一定の財政的な枠組みがありません。そのため、運営資金のところに記載しているような内容を検討する必要があります。

その⑧　カフェの内容とスケジュール

　カフェでどのようなことを行うかは、とても大事なことですが、十分な検証はまだ行われておらず、経験的な部分が多いのも事実です。

そのため、運営者により、どのような内容を行うかが左右されます。カフェの運営を手伝うことが可能なスタッフの力量や人数、場所や資金の影響も受けます。

　カフェに多様性があることは、望ましい点もあるでしょうが、野放図になんでもが「認知症カフェ」と呼ばれることは望ましくありません。何を「認知症カフェ」の核とするかは、その地域の人がどの程度、認知症について理解しているかとか、カフェのスタッフがどの程度、地域の人々に認知症についての望ましい姿勢をもつように支援できるかによっても変化するように思われます。

　このように定めることが難しい面もありますが、認知症カフェの内容とスケジュールについて、主に３つのパターンがあると思われます。

①１ヵ月に１回、２時間程度でミニレクチャー、コンサート、カフェタイムを基本としたもので、認知症カフェの発端となったオランダのアルツハイマーカフェに類した運営
②頻度や時間数にはパターンはありませんが、定期的に開催され、特にプログラムはなく、お茶を飲みながら話をします。出入りの時間も自由です
③頻度や時間数には②と同様にパターンはありませんが、定期的に開催され、お茶を飲みつつも、集団で様々な活動を行うもの

　②と③は、自由に話をする時間を多くとるか（②）、１つ２つのプログラムに沿った活動を行うか（③）でパターンが異なります。

　別の観点から考えると、カフェの内容は①認知症の本人が仲間を見つけたり、社会参加のきっかけをつかむ場所、②家族介護者がお互い

に相談したり、専門職と出会う場所、③地域の人々が認知症に関する不安を払拭し、早期からの相談などにつなげる場所、など意味的に分けることもありえます。

　最初にも書いたように、カフェは時とともに成熟していきますから、そこで行われる内容も変化していきます。参加者、スタッフ、地域の人々、それぞれが成熟していきます。

　カフェだからということでもないですが、「話をすること」はとても重要です。セカンドリビングとたとえられることがあるように、様々な人々が出会い、交流する中で話が盛り上がり、認知症の人もその家族も心から会話を楽しむことがよく見られます。なので、必ずしも作業やアクティビティーを強く意識する必要はありませんが、参加者のニーズやスタッフの力量なども考えつつ、チャンスがあれば会話以外の要素も効果的に織り込んでいきましょう。

その⑨　カフェでの認知症の人とその家族、その他の参加者への座席や話し方の配慮

　カフェでは参加者にくつろぎをもたらし、また来ようと思ってもらえることが大切です。
　その中で、カフェには認知症の人とその家族が一緒に来ることが多いと思われますが、それぞれのカフェに対する期待やニーズが異なる場合が少なくありません。家族は日頃の困り事を相談したいと思い、日常の出来事をお話しされますが、本人は病気の特性上、その状況が認

識できていない場合が少なくありません。家族のお話が本人を傷つけることになります。そのような時、本人には家族とは別にスタッフが付いたり、本人同士の会話を促したりすることを考えます。家族にも別のスタッフが付いたり、家族同士が別の場所でその思いを語り合うなどの配慮が必要な場合があります。特に、カフェに初めて来られたような場合は、スタッフが見極めを行い、座席を誘導することも必要です。

　その他にも様々なニーズをかかえた人々がカフェを訪れます。スタッフは、それぞれのニーズを見極め、参加者にとって居心地の良い場所であるようにマンツーマンでお話をしたり、参加者同士をつないだり、見守ったりすることが必要です。このようなことはカフェを始めてすぐの頃と何回も開催を重ねて、常連客が出てきた頃では変化してきます。そのような変化を経ていくことも念頭に、6ヵ月とか1年先のカフェの様子も思い浮かべながらカフェ運営に取り組んでいきましょう。

その⑩ カフェ開催時の準備とスタッフ配置

　カフェの開催にあたっては、カフェで提供する飲み物などや使用するカップ、カフェのしつらえ（テーブルクロスや花などの飾りなど）についての事前準備をしておくことが必要です。買って揃えておくもの、保管場所に置いておき当日に出すものなど区別して準備を考えておきます。また、スタッフについても、必要な人数を推測し、当日に参加できるスタッフを前もって決めておく必要があります（シフト調整）。暑い時期にはアイスコーヒーを出し、寒い時期にはココアを出すようなことも考えます。

　カフェ開催当日も、いつからお湯を沸かすのか、テーブルの並べ替え

や催しの準備など様々な準備が必要です。また、スタッフについても以下のような担当（スタッフ配置）を考えておきます。会場の設営ができたら、カフェの時間中には接客をするなど、1人の人が複数の担当を担うこともあります。臨機応変にスタッフが協力し合うことも大切です。

・会場準備

・受付

・座席への案内

・飲み物などの準備

・参加者との会話

・飲み物や水の給仕役

・参加者の身の回りの物の管理（傘、コートなど）

・講演やコンサートなど催しの準備や司会

・情報などの資料の準備

・後片付け

　会場は借りているスペースのことが多いので、開催ごとに一から設営し、終了後には元通りに片付けることが求められます。準備・片付けマニュアルのようなものを作成し、スタッフが交代しても漏れなくできるようにするのが良いでしょう。

　参加者との対話も、専門職である必要がある場合、ボランティアスタッフが担える場合、ボランティアが担っていて、必要があると感じた場合に専門職と交代するなど、その場その場に応じた対応が必要です。このような息の合った連携のためにも、毎回のカフェ前後のミーティングの積み重ねが大切です。ボランティアスタッフにとっても、このような経験を積むことが、やりがいに通じます。

その⑪ カフェスタッフについて

認知症カフェのスタッフとして考えられるのは以下の人々です。

①認知症に関係する専門職
  （医師、看護師、介護福祉士、社会福祉士、作業療法士、言語聴覚士
  など）
②市民ボランティア
  介護経験者、認知症の人と家族の会など家族会の会員、民生委員や
  地域福祉経験者、傾聴ボランティア、社会福祉系や医歯薬系の学生
  など

● コアになるスタッフ

　スタッフとしてまず大事なのは、それぞれのカフェ開設のきっかけ
をつくった発起人や、その周囲の人々で、その人々が多くの場合、コー
ディネーターや主要運営メンバーになります。通常、1～2名のコー
ディネーターと数名の主要運営メンバーで構成されます。コーディ
ネーターと主要運営メンバーは、認知症についての一定の知識をもっ
ていること、カフェスタッフに運営方針をしっかり伝え協力を求める
力が求められます。発起人が専門職である必要はなく、コアとなるス
タッフに専門職が含まれるかどうかについても決まりはありません。
しかし、スタッフ全体としては専門職と市民ボランティアの双方で構
成されることが望ましいと考えます。

①認知症に関係する専門職

　アルツハイマーカフェガイドにも書いてあるように、関連する専門

職、3職種以上がかかわるのが理想的かと思われます。

　また、3職種すべてが毎回のカフェに参加するのではなく、相談などの必要に応じて、対応するかたちであっても良いかもしれません。ただし、カフェの運営をよく理解し、カフェスタッフの要請に応じて、比較的速やかに対応できる人材が望まれます。

　専門職の内訳として、認知症の地域包括ケアには医療・介護両方の支援が必要なことから、医師・看護師などの医療職と、介護福祉士・社会福祉士などの介護・福祉職が両方入るほうが望ましいと思われます。

②市民ボランティア

　市民の中でも、認知症の人を介護した経験のある人や、認知症の人と家族の会の役員などで活動している人は、認知症カフェでも大切な役割を担います。認知症の介護は個々のケースで大きく異なる面も大きいので、1人の介護を経験しただけでは、他の人の介護について、踏み込んで助言をすることには気をつける必要がありますが、介護を実際に経験していることによる共感する力は大切です。また、介護を通じて学んだことやこれまでの他の介護者との交流経験も生かされることでしょう。

　介護経験者の他に、地域の民生委員や自治会、老人会の役員なども、それぞれの資質や見識にもよりますが、地域住民の福祉に役立ちたいという志や経験、人脈などはカフェを運営する上で大事なことであり、可能な限り、カフェに参加してもらったり、カフェとのかかわりをもってもらうことが重要です。

　医療・介護・福祉関連の学生もカフェ運営の重要な人材です。カフェは多くの年代の人が集まることで活力をもちます。医療・介護・福祉

関連だけでなく、経済や工学を学ぶ学生でも、カフェ運営をソーシャルビジネスの観点でとらえたり、超高齢社会をどのように構築していくかという視点もあわせて考えると、参加してもらう意義があります。

　しかし、実際に市民ボランティアということになると、介護経験者でもなく、地域の役員でもないという人が多くを占めるかもしれません。そのような場合も、多くは、自分の身近な人が認知症であったり、地域活動に興味をもっていたりすることは多いものです。さらに、最も大事な点として、市民ボランティアはカフェに参加する認知症の人や家族にとって、「介護する人、介護される人」という専門職が陥りやすい一方的な支援者ではなく、生活者として同じ立場で、認知症の人や家族と時代を共にしている仲間です。カフェでは、認知症という病気の相談を行うだけではなく、認知症という病気をよく知った上で、気楽な交流や社会参加を行うという意義があります。そのような意味では、市民ボランティアの存在はカフェを支える最も大事な要素とも言えます。ただし、認知症という病気は、生活や人と人との交流のあらゆる面に影響があり、場面場面でどのように接するのが望ましいかは異なる場合のある難しい病気ですので、中途半端なかかわりは認知症の人や家族を傷つけることになります。その意味で、十分な研修を継続的に受けることや専門職との継続的な協力関係は欠かせません。

その⑫　カフェのミーティングと運営会議

　認知症カフェでは飲み物などの提供だけではなく、会話や催しが鍵になりますので、毎回のカフェの前にスタッフミーティングを行い、その日のスケジュールや、来訪者の予測、役割分担、前回までのカフェ

開催からの申し送りなどを確認しておくことが大切です。

　また、カフェ終了後にも、当日に起こった出来事や、それぞれのスタッフが参加者と話したことなどについて振り返り、お互いの経験したことを共有することが大切です。それが、認知症の人やその家族、地域の人の思いを学ぶことになります。その中で申し送りが必要な大事なポイントについてはコーディネーターが次の開催時に伝えるようにします。

　その他にも、カフェ運営に関して、想像以上に多くの議論が必要です。カフェで起こったことを話し合い、次回のカフェに向けて改善点や工夫を話し合うことなどがたくさん出てきます。カフェの経費、スペース、スタッフの役割調整、催しの内容、カフェの運営が参加者のニーズにマッチしているか、参加者と介護保険サービスとの関係を全般的な視点でどのようにするか、地域の事業者との関係、先々の見通しなどです。主に中心的なメンバーでこのような議論は行います。必要に応じ、スタッフ全体でも運営会議を行うことも考えますが、一方で、ボランティアスタッフなどで、自分が参加した時に、その時の役割を果たすことだけを大切にしたいと思う人もいますので、それはケースバイケースで見極めます。

　このように議論や工夫を重ねることで、カフェが生き物のように成長していくことは楽しみでもあり、スタッフ同士の信頼関係を醸成していき、地域の中での顔の見える関係の構築ともなります。しかし、時間や労力が必要なことでもあり、カフェ運営の側面として運営会議を予定に織り込んでおくことが必要です。

　運営会議は、通常は1ヵ月に1回か、その他の必要な頻度で、中心メンバーあるいはカフェにかかわる団体で組織する委員会などで開催することが多いように思います。

その⑬ カフェ参加による効果

　カフェに参加することの意義について、データ的にはまだ十分に示されたものはありませんが、カフェを開催してすぐにカフェが有意義なものであると、スタッフも参加者も気がつくことが多いようです。参加者が常連となり、徐々に増えていくことからも、その場が必要とされていたことがわかります。

　具体的には、認知症の人にとって、これまで減少していた外出の機会が増えることにつながり、自分がまだまだ社会とかかわっていけるという気持ちが得られます。同じ立場の人と出会うことによる安心感や共感、認知症のことをよく理解したスタッフを介することで、様々な人と交流がもてることなど、カフェの場がもたらすものはいろいろとあるようです。以下に、カフェの場で、認知症の人が語ったり、つぶやいたりした言葉を紹介します。

> 「ここは一緒の病気をもっている人が来ているという安心感がある」
> 「皆とざっくばらんに話ができることがすばらしい」
> 「人とお話ししながら、これからのいろんなことについて、これからの生きることについて、考えたい」
> 「わからないことは聞けばいいんやで」
> 「もの忘れが進んでいるかも。不安です」

　認知症の人の家族にとっても、気軽に相談できる場があることはとても助けになるようです。家族同士、日常のちょっとした困り事に共感したり、工夫を話し合ったり、公的サービスについて相談したりもできます。また、専門職に相談したり、スタッフに思いのたけを話し

たりもできます。そのように日頃の疑問などを口にすることで、徐々にいろいろなことが解決につながったりもします。

認知症の夫の変化に戸惑い、夫と一緒にカフェに通っていた妻もいろいろな家族の様子を見て、相談などするうちに、1人でかかえ込まないことが大事と気がつき、離れて住む娘さんにも助けを頼むようにもなりました。そして以下のように語りました。

「この先もいろいろあるかもしれないけれど、その時その時で対応を考えていけばいいんですね」

認知症の母と一緒にカフェに通っていた息子さんも以下のように語っています。

「ここに来て、話を聞いたことで、自分自身がすごく気持ちが楽になって落ち着き、認知症の母も穏やかに過ごせるようになりました」

最後に、スタッフにとっても、カフェの場は認知症の人のもつ力を改めて見直す良い機会です。カフェという場で人と人として交流することで、介護する介護されるという一方的な関係ではないことや、自分のほうが教えられることも多いと気がつきます。そして、専門職、市民ボランティアそれぞれに認知症という病気に対してどのように向き合っていくのが良いか、新たな視点で考えるきっかけにもなります。

その⑭ 参加者負担（料金）について

参加者負担については、実費相当として飲み物（コーヒー、紅茶と

小さなクッキーなど）１杯100円程度としているカフェが多いようです。それにケーキなどをつけて参加費300円〜500円としているカフェもあります。

　無料では逆に参加できないという参加者もおられます。しかし、100円も節約したいと希望されて、カフェに来ても水だけを飲む方も中にはおられます。

　ボランティアやコーディネーター・相談員などの人件費を、カフェの売り上げだけでまかなうことは困難です。当事者にも相応の負担を求めてはどうかという議論もされる場合がありますが、介護保険サービスの場合、利用者負担は１割であり、その費用を利用者が10割払うことは現実的ではありません。カフェの運営にかかる費用は介護保険サービス（例えばデイサービスなど）に比べて安いかもしれませんが、場所代やスタッフの人件費などを参加者の10割負担でまかなうことは困難です。

　趣味の習い事の月謝などと同じように、参加者がある程度負担することは今後あるかもしれませんが、参加者の相応負担だけではまかないきれないものと考えて、様々な方面から運営費を集める必要があります。

その⑮ カフェ参加人数

　カフェ参加人数も考えておくことは大事です。地域にどれだけの人がカフェに参加するニーズをもっているかということが基本であり、この点は、地域にカフェがいくつぐらいあるのが適当かということにもつながります。

　個々のカフェで考えた場合、スタッフ数やスペースの広さ、経費な

どによっても異なるでしょうが、カフェに参加する人が、同じ立場の人同士で出会う場所であることなどカフェ開設の意義も考えながら、参加人数を見極めていく必要があります。

　50人、100人と多くの人が集まることが大事なのではありません。カフェを必要とする認知症の人やその家族・友人が居心地の良さを感じ、有効な情報を得たり、交流できたりすることが大事です。

　本当にカフェを必要とする人が、カフェのスペースやスタッフ数を超えて集まってきた場合は、他の日時や場所にもカフェを開設することができないのか、検討することも大事でしょう。逆にせっかくカフェを開設しているのに、カフェに参加する人が集まらない場合、カフェを周知する方法を検討したり、カフェを必要としている人の数と地域のカフェの数にミスマッチがないかなども考えることが必要です。

その⑯ 提供する飲食について

　カフェで提供する飲食については大きく3つのパターンが考えられます。

①コーヒー、紅茶など　小さなクッキーなどを付けると喜ばれます
②コーヒー、紅茶などとケーキ・デザート類
③ランチ的なもの

　通常、多くのカフェでは①のパターンが妥当かと思われますが、近くのケーキ屋さんなどとコラボでケーキを出す②なども考えられます。もともと飲食店をしていた場所でその店と協力してランチなどを提供

する場合などは③になる場合もあります。不特定多数の人を対象にする場合などは保健所などと相談することが必要です。また、収益が想定される場合は、税務署と相談する必要があります。

その⑰ カフェコーディネーターの研修

カフェコーディネーターに必要なのは

- 認知症に関する十分な知識
- 認知症に関係する様々な地域資源に関する一般知識
- カフェ開催地の地域資源に関する知識と実際に顔の見える関係を構築する能力
- カフェ運営全般に関するセンス
- 参加者やスタッフがもつ人間的な資源が引き出されるような雰囲気・環境づくりを行う能力

コーディネーターが1人ですべてを担う必要はありませんが、緊密に連携できるコアスタッフで、これらを担う必要があります。専門的な知識については、専門職が外部からの支援でカバーする場合があります。

開設するまでにできれば、実際に運営しているカフェを見学して、実践的な理解をしておくことが望ましいと思います。

コーディネーターに関する研修はカフェの開設までに一度受講する機会があるのが望ましく、その後もフォローアップの意味もあり1年

に1回程度、機会があると良いと思われます。上記の必須項目のうち、自分に欠けていると感じられる内容で、カフェの研修以外でも機会があれば積極的に学ぶことが大事です。

その⑱ カフェスタッフ研修について

カフェスタッフには専門職ボランティアと市民ボランティアが想定されます。専門職ボランティアの場合は、職業的に認知症の人やその家族と接する仕事をしている場合は、自分の足りないと思うところの知識を得るだけで即戦力になります。

市民ボランティアの場合も、これまでに認知症について知る機会をもっている人も少なくないかもしれませんが、実際に認知症の人と接した機会が少ない場合なども含め、実践的な場面を想像した研修を受けることが望まれます。

カフェスタッフが学ぶべきことはたくさんありますが、座学で学べることは限られています。しかし、まずは座学で学び、その上で、実践に伴って、繰り返し学ぶことが望まれます。

- 守秘義務についての心構え
- 認知症に関する基本的な知識
- 認知症の人に接する時の実践的な知識
- 認知症の人と家族や周囲の人との間に生じる可能性のある軋轢、介護負担感
- 可能であれば実際にカフェで起こり得る場面を想定しての体験学習
- スタッフ間での協力するマインドとチームワーク

研修の際に、コーディネーター等が司会者となり、自己紹介を行い、スタッフ同士がお互いをよく知る機会をもつことも大切です。

その⑲ カフェ運営資金について（1）──どのような経費が必要か

　認知症カフェは、「認知症＋カフェ」なので、カフェとしての運用にも気を配る必要があることは最初に書きました。そうするとやはり大事なのは経費の問題です。

　まず出費について、主に何にお金が必要でしょうか？

1）人件費	4）コーヒー、紅茶などの費用
2）場所代	5）広告代
3）食器などカフェの備品	6）コンサートや催しの費用

　1）の人件費については、とても大事な課題です。これも主に2つに分かれます。

　1つは市民ボランティアの人件費。ボランティアはもともと無償でということも多かったですが、最近では交通費・食事代などを支払うか、一定の謝礼を払うかのいずれかの有償ボランティアも増えています。あるいは介護支援ボランティア制度等を利用したポイントを付与するかたちを考えることも選択肢です。市民ボランティアには高齢者の参加も重要ですが、超高齢社会の中で、市民ボランティアに積極的に息長く参加してもらうということを考えると、有償やポイント付与も選択肢として考えることが大事です。

２つめは専門職ボランティアあるいは専門職コーディネーター・専門職相談員への支払い。１ヵ月か２ヵ月に１回の参加であれば、みずからの学びとして無償で参加してくれる専門職を探すことは可能かもしれません。場合によっては、地域包括支援センターなどの仕事の一環としてカフェに人を派遣してくれる場合や、事業所が主体となってカフェを運営する場合もあり、その場合は、その人件費は事業所の費用でまかなわれます。その中には事業所が自治体などからカフェの委託を受けている場合もあるでしょう。

　その他に、専門職コーディネーター・相談員の費用だけを獲得する必要が出る場合もあると思われます。実際に、市民ボランティアが中心にカフェを運営し、専門相談に対応できる看護師のみを自治体の費用でまかなっているケースもあります（自治体がカフェのために雇用し、カフェに派遣）。

　どのような形態になるかで費用はかなり幅が出てきますので、いろいろな事例を参考に、自分たちが開設する地域で可能なかたちを模索する必要があります。

　２）の場所代についてもどこを選ぶかで経費の観点では大きな開きが出ますので、十分な検討が必要です。開催頻度とも関係します。月に１回であれば借りやすい場所、月１回であれば経費的にまかなえる場所など、週１回は難しいけれども月１回であればということです。

　月１回であれば、自治会館や公民館、福祉センター、小学校などの空き教室など公共的な場所を比較的安く借りることができる可能性はあります。週１回でも、独自の場所をもつことは難しいかもしれませんが、喫茶店やその他のカフェ的に使えるスペースが休業日の場合など、相談してみる価値はあります。喫茶店や飲食店などで午後の比較

的空いた時間や本来は閉じている時間を貸してくれる場合もあります。

　その他にも現在の日本では空き家対策なども検討されているぐらいなので、本格的なカフェとしての営業は難しくても、週1回や月1回のカフェ開催に協力してくれるスペースが見つかる場合もあります。また、地域の障害者施設や作業所が、みずからの活動としてカフェを行なっている場合もありますので、タイアップして、認知症カフェを開くことも考えられます。その場合、様々な交流が生まれるとともに、場所代も低く抑えることが可能かもしれません。

　通常のレンタルスペースなどは経費の点で難しいのが現実だと思いますが、地域によって、あるいは運営経費全体を考えれば選択肢に入るかもしれません。

　3）食器などカフェの備品については、スタッフや地域住民などの持ち寄りや寄付によってまかなえる場合もあるでしょうし、100円ショップなどでも十分な品物を調達できる面もあります。立ち上げ費用があれば、ある程度は揃えればいいでしょう。

　公共施設を利用する場合も、殺風景なままでは居心地の良いカフェ空間とは言えないので、カフェの雰囲気を出すためにテーブルクロス、ランチョンマット、コースター、テーブルに飾る小さな花瓶、ポスターなどはぜひ揃えていただければと思います。

　4）コーヒー、紅茶、クッキーなどについて、多くの認知症カフェでは、実費相当として100円～500円程度の参加費を集めています。そのため、飲食物にかかる実費については、それでまかなえる場合がほとんどかと思われます。

　コーヒーの淹れ方講座などを行なっているボランティア組織の参加

者が、認知症カフェの飲み物を担当してくれることで、おいしいコーヒーが実費だけで飲めるとともに、人の輪が広がります。

5）多くのカフェでは案内のポスターやチラシを作ってカフェの開催を告知しています。デザインなどに凝らない場合は、大部分、自作可能でしょうし、印刷代もそれほどかからない場合が多いと思われます。新聞などでも無料の告知欄などを使う程度であれば費用はかかりません。ホームページなども無料で利用できるサイトがありますので、そのようなところを利用するとコストはかかりません。
　地元の小中高などの学校に認知症カフェのポスター作りを依頼しているケースもあります。そのような取り組みも地域でカフェを支える人の輪を広げるのに有効でしょう。

6）コンサートや催しの費用について、クラシックやジャズ、フォークなどのコンサートを実施する場合、アマチュアなどで交通費程度の対価で素敵なコンサートをしてくれる場合があります。老人施設などで既に活動状況を把握されている場合もありますので、相談してみましょう。美術や工作、料理などの催しをする場合、実費徴収などをする場合があります。そのような時は、費用と支出を相殺します。

　以上のように、どれぐらいお金が必要かは、どのようにカフェを開くかで大きく異なります。1年間の予算が10万円程度で済む場合もあれば200万円以上かかる場合も想定されます。認知症カフェは特に人材の確保・育成など、決して気軽に安価にできるサービスではありませんが、無駄な経費をかけず効率的に運営することを模索することも大事です。慎重に検討してみましょう。

その⑲ カフェ運営資金について(2)―どうやって集めるか

　カフェ運営資金をどのように集めるかも大きな課題です。カフェには前項で述べたような様々な経費がかかります。立ち上げたのは良いけれど、続かないという恐れも出てきます。開設の意義、参加者、スタッフの見通しとともに経費も踏まえてまずは慎重に計画づくりを行いましょう。その上で、その資金をどうするかということになります。可能性としては以下のような資金が考えられます。

①自治体のカフェ開催に関する助成金

②財団、社会福祉団体などの補助金や助成金

③自治体のまちづくりなどに関連する助成金

④実施主体の自主運営資金

⑤チャリティーやバザーなど

⑥寄付金

⑦NPO法人などの会費・運営収入からの拠出

⑧自治体の地域支援事業に関する経費

⑨社会奉仕団（ライオンズクラブ、ロータリークラブ、ソロプチミスト等）の助成金

⑩参加者自己負担

⑪その他

　直接、認知症カフェの運営ということではなくても、自治体は様々な部署で地域づくりの活動を支援している場合が少なくありません。③のような助成金がないか、地域の自治体のいくつかの窓口に相談してみることも大事です。

⑤や⑥のように地域の中で、資金集めの活動を行うことも、認知症カフェを周知する広告の役割も果たし、同時に資金集めになることもあります。

どの資金についても１万円程度から200万円程度と大きな開きがあります。実際には数万円〜30万円程度の資金が供給される場合が多いかもしれません。自治体などの助成金は初年度のみという場合もあります。カフェの運営を継続する上で支出割合の大きなスタッフや場所代は継続してかかる費用ですので注意が必要です。

いずれの場合も資金集め自体が関連機関との連携につながる場合もありますので、人脈づくりと考え、地域づくりのために関係者と知恵を絞ってみることも大切です。

自治体側からすると、認知症カフェの運営をボランティアを含む民間に委ねることは、自治体の費用としても大きく貢献するでしょうし、さらに地域の中で認知症の人を見守る体制構築という視点に立てば、入所・入院施設の建設や保険料などで自治体から拠出する分を軽減することにもつながります。認知症カフェ運営に関するビジョンを自治体ももつ必要があります。

その⑳ 広報について（案内チラシ）

認知症カフェの運営母体や運営目的、参加する人数、場所などによって、広報の方法なども大きく変わってきます。

広報の１つの意味は、もちろん、カフェが必要な人に、カフェに来てもらうことです。広報の一例を示しておきます。案内を、地域の社会福祉協議会、保健センター、介護予防推進センター、地域包括支援

センター、医院・病院、役所などに置かせてもらうといいでしょう。また、地域の広報や、新聞の告知欄に載せてもらう方法もあります。

　最近ではインターネットを利用することも大事です。ホームページの作成や、フェイスブック・ツイッターなどを用いて活動の様子や開催予定を知らせるようにしましょう。

　広報の別の意味として、「認知症」という病気が身近なものであることを多くの人に知らせるという意味もあるように思います。「認知症＋カフェ」とカフェという馴染みのある言葉を加えることで、今までは関心をもたなかった人や強い偏見をもっていた人にも、身近なこととして認識する効果が期待されます。「オレンジカフェ」などのような名称で、表の目立つところには「認知症」という文字を出さず、案内の中で、そのカフェが認知症カフェであることを示す方法もあります。

広報の一例

●● 広報と関連して—参加する人を集めるためにすること

　カフェに参加する人を集めるために、広報のことを書きましたが、カフェを必要とする人にカフェに来てもらう大事な手段が他にもあります。1）地域の民生委員や自治会の人に、必要そうな人がいれば声をかけてもらい、できれば、友人・知人としてエスコートしてもらうこと、2）ケアマネジャーや介護予防推進センターの人などに、まだ介護保険のサービスを使っていない認知症の人やまだ使うのが難しい人

に声をかけてもらうこと、3）診療所や病院の医師にアナウンスし、理解してもらって、診断後に情報や集える場所を求めている人に案内してもらうことなどがあります。

その㉔ 認知症カフェとリンクした本人・家族の集まりや認知症の人と家族の会との関係

　認知症カフェだけでは家族の相談やピアサポートのニーズを満たすことが難しい面があります。また、認知症の本人にとってもカフェが１ヵ月に１回、２時間程度の場合など、社会参加や活動のニーズが満たされたように思えないこともあるでしょう。つまり、１つのカフェ単体では満たせないことがいろいろと出てくるようにスタッフとしても感じることは出てくるでしょう。しかし、カフェは、本人と家族が一緒に自由に出入りし、スタッフと関係性を醸成していく意味では貴重な場であり、そこで生まれた本人同士、家族同士の関係も大事です。そのため、１つのカフェをベースに家族会を１年に２回ほど行うとか、本人同士の交流スペースづくりをするなども検討できると良いかもしれません。すでにそのような場所があれば、つながりをもつと良いでしょう。

　認知症カフェを、認知症の人と家族の会などの介護者組織が運営している場合以外では、そのような機関と相互交流や情報交換などを行うことも大切です。

カフェとその他の認知症関連事業との関連
初期集中支援チーム、徘徊模擬訓練、地域ケア会議

● **初期集中支援チーム**

　認知症カフェは、認知症の人やその家族の人、それと地域の人々にとっての気軽に専門職とも交流できるハブともなる場所ですが、一方で、カフェにも出てくるのが難しいケースなどは、初期集中支援チームが当事者のもとに出向く働きを担います。

　初期集中支援チームが介入した結果として認知症の人や家族が気軽に参加できる場としてカフェにつながる場合もあり、初期集中支援チームとしてもカフェの存在は重要です。

　組織としても、カフェを運営することで多職種や地域の人の間で信頼関係ができ、初期集中支援チームを樹立するきっかけになることもあるでしょうし、逆に初期集中支援チームが機能する中でカフェづくりが行われる場合も予想されます。

● **徘徊模擬訓練**

　徘徊模擬訓練も認知症カフェと共通する点があります。地域の住民に認知症という病気をよく知ってもらい、偏見をなくし、協力して地域での生活をつないでいくという点では徘徊模擬訓練と認知症カフェは共通しています。

　一方で、認知症カフェと徘徊模擬訓練では異なる点もあります。徘徊模擬訓練では、警察や消防、タクシー会社なども関係してきますし、緊急事態への連絡網形成や瞬発的な対応という点では、定期的に開催される認知症カフェとは異なります。

　理想的には１つの地域でいずれも行い、異なる特性を生かして、幅

広く認知症の人への支援を広げることになれば良いのではないかと思います。

● 地域ケア会議

地域包括支援センターが中心となって、介護事業者、民生委員、医師会などが集まり、地域の課題や認知症の人の支援について話し合う場として地域ケア会議が開催されます。初期集中支援チームのところでも書いたのと同様、地域の資源としても、組織構成や関係者の有機的なつながりにおいても認知症カフェの存在は重要と思われます。

その㉓ 自治体・行政との関係

認知症カフェの取り組みはそれ単体ではなく、市町村等、自治体が取り組む認知症対策と相まっていくことが大切です。自治体によっては意向に差があると思いますが、それでも認知症対策の必要性を感じていることがほとんどです。自治体と協力や情報交換を行うことが、運営資金の確保だけでなく、地域包括支援センターや社会福祉協議会等のもつ地域情報を得ることにもつながるでしょう。

ただ、市町村に直接相談すると窓口担当者の感度によって対応がかなり異なる可能性がありますので、地域包括支援センターや社会福祉協議会といった機関を介して自治体の取り組みとタイアップできるようにしていくことが大切です。

その24 その他の様々なFAQ

Q1 「認知症カフェ」という認知症に関するカフェが なぜ必要なのですか？

　「多くの病気があり、特に高齢者の場合、様々な病気をもっているので、認知症だけのためのカフェは不要ではないか？　あるいは、他の病気も含めたカフェが良いのではないか？」というような質問も受けることがあります。

　認知症だけを中心にしたカフェを開くことには大事な意味があります。認知症カフェの大きな目的の1つでありますが、認知症という病気は目下のところ、多くの強い偏見があり、病気であることを世間から隠しておきたいなど様々な問題があります。認知症の人や家族の孤立感も強いものがあります。また、そのような認知症という病気の人がかなり多数おられます。そのため、スタッフに対する専門的な研修が必要となります。これらの理由により認知症に特化したカフェが大切なのです。

　しかし、他にも様々な病気がありますので、どのように支援の輪を広げるかは、認知症カフェを1つのモデルとして考えたり、認知症カフェの成熟の中で考えることが大切かもしれません。

Q2 カフェでの診断などについて

　認知症カフェは、認知症の診断を行う場所ではありません。医師が参加している場合も、一般的な相談にとどめ、受診窓口の紹介や公的に行われている医師の認知症相談の紹介を行うのが良いと思います。

受診が難しい場合、相談者の許可を得て、初期集中支援チームや地域包括支援センターに報告してアウトリーチなどの対応に委ねるのが望ましいと思われます。

Q3　参加者に対するカフェの責任

　認知症カフェでは、一般の喫茶店やレストランと同様、提供するコーヒーをこぼして参加者が火傷を負った場合などは治療費などを補償することが望ましいと思われます。そのため、スタッフはボランティア保険などに加入しておくほうが良いでしょう。一方で、万一、カフェ参加者の病状が悪化した場合や助言内容が誤っていた場合に、医療機関での「誤診による不利益」などと同等の責任をカフェが負うことはありません。医療機関や介護施設が書面あるいは社会的通念上で行なっているような契約を結んでいるわけではないからです。ただし、認知症カフェはまだ始まったばかりで法的に十分な検討が行われたわけではないので、取り組みを慎重に行うことは大切です。

Q4　気をつけなければならない美しい文句

　カフェとしての気軽さを売りにするため「誰もが予約などなく気軽に参加できる」などと唱える場合があります。理念的には大事なことですが、実際には難しい場合があります。カフェのスペースが限られていて、予約や登録なしの参加の場合、カフェに入ることが難しい場合もあるでしょう。認知症等の状態がカフェの対応範囲ではない場合や、参加者の期待に応えるような専門職スタッフの常駐が難しい場合もあります。カフェの運営形態によってこの点は異なるでしょうが、

どこの認知症カフェでも「誰もが予約などなく気軽に参加できる」ということが必須でないということは念頭においておきましょう。

Q5 高齢者サロンと認知症カフェの違い

　最近では多くの地域で、高齢者の閉じこもり予防や介護予防などの目的で高齢者サロンが増えてきています。高齢者同士の交流に重要な場所であり、認知症カフェと似通っていて混同する場合もあります。もし、高齢者サロンの運営者や参加者が認知症に関して十分な知識や接する能力をもっている場合には、高齢者サロンと認知症カフェは同一と言えるかもしれませんが、認知症という病気は知らず知らずのうちに本人と周囲の人の関係性を難しくし、家族の負担感も十分な経験のない人にはわかりにくいものです。そのため、認知症カフェでは、運営者やスタッフに認知症に関する十分な教育が継続的に行われることが求められます。将来的には、認知症に対する偏見がなくなり、ほとんどの人が認知症のことをよく知っているようになって、高齢者サロンと認知症カフェが同一のものになることが理想的かもしれません。

Q6 カフェでの認知症の人の役割について

　認知症カフェの1つの役割として認知症の人が社会参加するきっかけをつかむことがあります。その象徴的なかたちとしてカフェでの店長や接客、音楽演奏などの役を担うことがあるかもしれません。しかし、人によって社会参加のあり方は様々です。カフェでの仕事だけに目を奪われず、カフェで芽生えた関係性をもとに、その人らしい社会とのつながりを考えていきましょう。

3

アルツハイマーカフェ
開設の手引きとなるマニュアル

1 アルツハイマーカフェはこうして始まった	80
2 アルツハイマーカフェとは？	88
3 アルツハイマーカフェの集まりはどのように 運営されるのか？	97
4 アルツハイマーカフェをどのように開設するか	105
5 アルツハイマーカフェは、誰にでも開かれている？	113
・専門家への質問（実例）	116
・アルツハイマーカフェの品質管理基準33項目	122

　このマニュアルの原著の題は、「Handleiding Alzheimer Café」、原著者：ベレ・ミーセン、および、マルコ・ブロム、ジェンマ・MM・ジョーンズにより、オランダアルツハイマー病協会の文書から翻訳、改作されたものです。
　レイ・モランとエルスペス・モランご夫妻に、特別の感謝をこめて。　　　2001年4月

（翻訳：中川経子）

1 アルツハイマーカフェはこうして始まった

　1997年9月15日、最初のアルツハイマーカフェが開店しました。オランダのWarmond（ワルモンド）にある「Marienhaven（マリエンハーフェン）」老年精神医学専門研究センターの老年臨床心理学者であるBère Miesen（ベレ・ミーセン）博士が長い間あたためてきた構想が、現実となったのです。オランダのゾイトホラント州の北部にあるアルツハイマー病協会と協力して数ヵ月におよぶ準備期間を経たのちに立ち上げましたが、現在では、それをモデルにして、カフェが他でもどんどん広がっています。認知症という病気を話題にすることは、夫婦間、あるいは、家族の間でさえ、多くの場合タブーとなっていることに、認知症をもつ人たちやその家族の人たちとのかかわり合いを通して、ミーセンは気がつきました。しかし、彼だけではなく他にもこのことに気づいた人はいたのです。そこで、ミーセンは、認知症を話題にできる、また、認知症や、それが原因となって生じる必然的な結果について情報を提供することが、この病気を受け入れるために、どんなに重要であるかということに気づいていたので、認知症と何らかのかたちでかかわりがある人たち全員がお互いに、「くつろいだ雰囲気の中で話し合える場所」があって、そこで自分たちの経験を分かち合い、認知症について話すことができればよいと考えたのです。こうして、人々が自分たちの経験や悲しみを分かち合うことができる場所をつくることにしたのです。

　ベレ・ミーセンの言葉からの引用
　「認知症はまったく思いがけない災難である。認知症をもつ人自身

も、その家族も、共に、十分な支援を受ける権利がある。その精神的
苦痛を理解し、それを事実として受け入れることによって、再び、人
生を生きる価値のあるものにすることができる。」

De Telegraaf, 1999年9月

「認知症をかかえて生きる人やその傍に共に歩む人たちが、いかに
苦悩の道をたどっているか、彼ら以外、世界の誰もがほとんど気づい
ていない。」

VWS Bulletin, 1999年6月

● "カフェ"という言葉の意味はどう理解されるのか？

　そのような「くつろいだ雰囲気」を説明するのに、「カフェ」と言う以
外にもっと良い言い方があるでしょうか？　ミーセンの考えていたアルツ
ハイマーカフェが初めて現実のものになったのは、ライデン大学の教室で
した。最初の集まりには、約20人の人が出席しました。その翌月には35
人が、翌々月には54人が集まり、3ヵ月後には教室に80人もの人が来まし
た。ミーセンの構想が、実際のニーズを満たすものであったということは、
明らかでした。全国から人々が集まり始めました。認知症をもつ人たち
や、彼らとかかわっている人たちが、その病気について落ち着いて話が
できる、新たに集う場所を切実に必要としていたのです。そこに来た人
たちは元気を取り戻し、さらに重要なことには、認知症の人とどう向き合
えば良いかというヒントを得て、家に帰ったのです。全国的な報道機関も
関心をもちました。「認知症とともに生きる」という30分間のシリーズ番
組が7回放映された結果、"アルツハイマーカフェ"の評判が高まっていっ
たのです。この番組は、Teleac ／ NOT局がライデンのアルツハイマーカ
フェの中で収録したものです。

●良いモデルにならってカフェが普及される

　熱意は広がり、間もなく、毎回平均すると100人以上の人たちが、その
アルツハイマーカフェを訪問していました。新しい集合場所が、ライデン
のホテルで見つかりました。定期的な訪問者の中には、アルツハイマー
病協会の他の支部の代表者たちが何人かいました。この人たちも、自分
たちの地域でアルツハイマーカフェを始めることにしました。

　それ以降、アルツハイマーカフェは、デルフト、ユトレヒトにも開
設（設立）されました。現在は、Zwijndrecht（ズウィニンドレヒト）と
Groningen（フローニンゲン）にもカフェがあります。その後、他の地区
もカフェを開設し、計画や準備をはじめたところもあります。多くの人た
ちからの関心が集まり、結果として、オランダアルツハイマー病協会の主
催で、「アルツハイマーカフェの開設方法」に関する会議も開催されました。
15以上の地区の人々が参加しました。いくつもの認知症専門のナーシン
グホームや、介護センターもまた、このカフェの開設を熱心に考えていま
す。これが、Dordrecht（ドルドレヒト）や Den Bosch（デン・ボス）での、
同じような構想を導き出しました。（アルツハイマーカフェが組織されて
いる場所についての、最新の情報は、オランダアルツハイマー病協会の
ウェブサイト　http://www.alzheimer-ned.nl を参照してください）

●テーマに関する多様性

　必要のないことに無駄な努力や時間をかけなくてもよいように、多くの
発起人たちは、最初のカフェ設立者たちと連絡をとったり、開設の参考
にするために複数のアルツハイマーカフェを訪問しています。その上で、
人々は、この構想を地域のニーズにより見合ったものにするための方法
を探っています。例えば、異なる開始時刻、様々な立地や、カフェという

名前があまりに限定的かもしれないという理由で、別の名称さえ考えられています。しかし、最初に設立されたカフェが非常に成功したことは明らかなのですから、あくまでもその考え方から逸脱しないことが重要です。

　これが、これまでの経験を書き留めておく理由の1つです。カフェを始める前に、発起人たちがよく考え抜かれた選択肢をとることができ、開設準備をする際に、実際に有用な情報が得られるので助かるのです。さらには、集まりを運営することに、そのエネルギーを全面的に傾けることができるのです。私たちが、すべての認知症をもつ人たちや彼らの介護者たちのことを考えれば、彼らに対する支援の質は、どんなに高くしても決して十分ということはありえないということが、実感としてよくわかります。これが、唯一の、最も重要なことです。

　この手引書のような簡単な概説では、アルツハイマーカフェの、基本的理念や、理論的な出発点や、基礎となるビジョンを、完全に描き出すのは難しいことです。このようなことを十分に理解するためには、先駆的に開始されたアルツハイマーカフェの1つで、テーマについての討論や発表／講演にぜひ参加し、その後もさらに時間をかけて活動に密に携わることをお勧めします。

　私たちにとって助けとなったのは、アルツハイマーカフェという1つの現象の全体像をつくり上げる活動の発端となったベレ・ミーセン（Bère Miesen）によるいくつかの論文です。次に引用するミーセンの著書、"Leven met Dementie（認知症とともに生きる）"の序文の一部から、彼のビジョン（理想像）の核となるものを見出すことができます。

●基礎を成すビジョン（理念）

　『「認知症とともに生きる」という題名は、二通りの解釈をすることができます。1つの解釈は、この題は混乱や当惑を、暗示しているということです。認知症をもつ人たちとその家族の生活に、大きな災難が、まさに、降りかかろうとしていることが明らかになった時に、混乱や当惑は始まります。「手の施しようもないほど、私の生活を脅かす病気をどう扱えばいいのでしょうか？」という問題を突き付けられます。あなた自身、あるいは、あなたにとって親しい人の、どちらに起きても、この病気は、突然、完全な注目の的になります。もう1つの解釈は、認知症をもつ人たちやその家族が、大きな不幸が訪れたということを、程度の差はあれ、多少とも受け入れている場合には、この題は、最初の場合とは、まったく違った問いかけが出てくるということを、示唆しています。その問いは、「この病気をかかえているにもかかわらず、どうしたら私は人としてあたり前の生活を送っていけるでしょうか？」というものです。彼らは、あれこれ悩みぬいた末に、勇気をもって病気を直視した結果、彼らの注意の焦点は、すでに病気にではなく、彼らのこれからの生活に向けられているのです。これは、プロセス（道のり）に対するより前向きなアプローチ（取り組み方）ですが、多くの場合、明確な始まりと終わりのある長い道のりとなります。

　アルツハイマーカフェは、認知症をもつ人たち、その家族、支援者、関心を寄せているその他の人たちが集まれる場所であり、彼らがこの道のりを前進し乗り越えていけるように、可能な限り多くの支援を提供する場所です。簡単に言えば、アルツハイマーカフェは、教育と支援の両面の介入のための場所であると考えることができます。誰でも歓迎する「敷居の低さ」から生まれるあらゆるメリット、さりげない相談や助言、「苦難の時の仲間」との「自助グループ型の触れ合い（ピア・サポート）」の場が、くつろいだ雰囲気の中でもたらされます。また、「苦難の時の仲間」

という言葉は、認知症をもつ人たち自身にも当てはまります。しかし、認知症がそれに巻き込まれるすべての人たちの人生における大きな災難（不幸、悲劇）であるという事実、また、多くの場合、それは予期せずに、突然起きるという事実を、私たちは隠したりしません。ですから、認知症をもつ人たちや彼らと身近な人たちの、精神的な苦悩、無力感、混乱、苦痛は、交わされる討論の出発点となるのです。それぞれの人が苦悩にどう対処するかは、非常に個人差があり、1人ひとりの人にとって独自性があります。もし誰かがアルツハイマーカフェを訪れるとしたら、その人は自身の悲しみを認め、それを直視します。そうすることによって初めて、その人は前に進むことができるということは、はっきりしています。

　認知症は、精神的外傷を引き起こす慢性の脳疾患で、一部の人たちにとっては、「古傷」をあばくことになります。言い換えれば、それぞれが、自分の人生についてコントロールを失いつつあるという現実を乗り越えなければならないのです。また、ある人たちにとっては、同じような苦悩を味わった状況の中で生じたずっと昔の感情が、再びよみがえってくる可能性もあります。例えば、近親相姦、捕虜収容所、戦争での暴力行為、誰かに見捨てられたり、深く傷つけられた経験など、様々な状況の中で自分ではどうすることもできないという無力感にさいなまれた記憶などが、再び誘発される可能性があります。その時、苦痛は二重になります。認知症をもつ人は、病気を否定し、それについて語ることはなくても、外見に表れている以上に、その病気や状況に気づいています。家族の感情をめぐる状況もまた難しく、つらいものがあります。なぜなら、それは、「実体のない喪失」にかかわるものだからです。親族たちは、複雑な悲嘆にくれる過程に直面します。家族は誰かを失い始めるのですが、その一方で、家族にとって、その人は、目の前で変わることなくずっと生きています。

重要なことは、なるべく早急に確かな診断を得て、起きていることの否定に費やす時間をなるべく最小限にとどめることです。そうすることによってのみ、その人は自身の人生をつかみ直し、必要な手段をとって意思決定をすることができるのです。それによって、必ずしも以前と同じようにとは行かないまでも、その人がみずからの人生をコントロールすることができるようになるだけではなく、周囲の人たちとの触れ合いを取り戻すことができるようにもなるのです。』

出発点に立つ

認知症をもつ人にとっての出発点：

　あなたにとって、うまくいかなくなっていることや難しくなっていることが、いくつかあるかもしれませんが、あなたの頭が変になったわけではありません。あなた自身の中で起きていると自分で気がついている変化を、周りの人たちにもはっきりとわかってもらえるようにしてみてください。あなたの不調、変調、困っていることなどについて、よく調べてもらってください。不安や気がかりなことをそのままにしておくことはよくないことです。

家族にとっての出発点：

　あなた自身にとってためになることを考えるのは、良いことなのです。あなたが経験している苦悩の道のりに、周囲の人たちにも気づいてもらいましょう。そして、あなたが信頼する人たちや、「逆境の中の親しい仲間たち（まさかの時の友）」に、感情的な面での支援を求めましょう。時によっては、それは、専門家であったり、介護者であったり、あなたのおかれている状況から、距離をおいたところにいる人である可能性があります。あなたが自分自身にも思いやりをもつこと

は、認知症をもつ人にとっても良い影響をもたらします。実際的な問題については、すぐに支援を求めてください。そして、十分な睡眠をとってください。

認知症をもつ人とその家族に身近な（他の）人たちにとっての出発点：

　誰かが認知症をもっているのではないかと思っていたり、そのことを知っている場合には、あなたはその人が「認知症について話すことは嫌である」はずだと、性急に決めつけないでください。認知症とその不安なことについて語り合うことは、あなたが思っているよりも容易なことかもしれません。多くの場合、その人たちが語ることに耳を傾けているだけでよいのです。また、その人にとって大切な人や子どもたちにとって、この病気がどんな意味をもっているかを、忘れずに聞いてください。一見したところで得た認識よりも、実際に彼らがかかえている問題はずっと大きいということがよくあります。

介護の専門家たちにとっての出発点：

　できるだけ早く、確定診断が得られるよう手配してください。認知症をもつ人とその家族に、その診断の意味を伝えてください。また、どこで、どのように、彼らが支援を得ることができるかについての情報を提供してください。必ず、認知症をもつ人とその配偶者やその人にとって大切な人の両者が共に支援を受けられるように取り組んでください。そうすることによって、彼らは、自分たちの苦悩を分かち合い、孤立感を減らし、さらには、悲しみや喪失感を乗り越えようという気持ちが湧いてくるでしょう。

（Mijn Lied, Mijn leed, 2000, Kosmos, Utrecht, English version Dementia in Close Up〈英語版「認知症の真相」〉, Routledge Tavistock, 2000. 115ページの参考文献一覧を参照してください）

2 アルツハイマーカフェとは？

　認知症をもっていることがもたらす問題について話すことによって、その人たちや家族は自分たちがおかれている様々な状況により良く対処することができます。この病気を、他の人たちと「語り合えるもの」にすることによって、認知症をもつ人が自分の状況に影響を及ぼすことができるのだという実感を得ることができます。自分自身と同じ運命（苦境、立場）にある人たちとの出会いもあります。家族は、無力感や苦痛を感じたり途方に暮れたりしているのは自分たちだけではないということがわかります。アルツハイマーカフェの到来によって、彼らが連れだって訪れることができる場所ができ、そこでは、他の人たちがこの病気や、病気がもたらす結果にどう対処しているかを知ることができます。そこを訪れる人たちは、そこが自分たちの居場所であり、そこでは仲間として認められ受け入れられていることがわかります。そのこと自体が他にはない大事なことです。さらに、アルツハイマーカフェは、よくある「情報交換の夕べ」にはない様々な側面を兼ね備えています。こういった集まりは、認知症をもつ人や彼らとかかわる人たちにとって、非常に教育的な側面と、ある程度の治癒的な側面も備えており、その一部は、形式ばらず、気楽に人と人とが出会える場としても設けられています。他にも独特なのは、誰にでも開かれたその敷居の低い環境です。カフェを訪問する人々の層は広く、認知症をもつ人たちや親族、友人、介護の専門家たち、学生、政策立案者、ジャーナリスト、全国や地方のマスコミ機関などが、参加することもあります。

●目的

アルツハイマーカフェには３つの目的があります。第１は、カフェは、認知症の医学的、心理社会的側面についての情報を提供します。第２に、カフェは、その人や家族がかかえている問題について、率直に話すことが重要であることを強調します。ここで不可欠なのは、その人を１人の人としてあるがままに尊重して受け入れることです。第３に、カフェは、認知症の人たちとその家族が孤立するのを防ぐことによって、彼らが孤立から解放されるように支援を推し進めます。

これらの目的は、かなり治癒的な響きがありますが、アルツハイマーカフェの夕べの進行が、言葉で表現するほど治癒的であるというわけではありません。訪問者たちが、例えば、お互いに打ち解けた感じで話し合ったり、中断されることなく、お互いの経験談を交わしたり、あるいは、気軽に介護者や、専門家たちに相談できることが、最も重要なことです。まさに、この打ち解けた雰囲気があってこそ、口にしてはいけないと考えられているタブーを打ち破り、また、先にも述べたように、あるがままに受け入れられること、尊重されること、認められることなど、彼らがその集いの一員として迎え入れられているという大切な気持ちを生むのです。

●変わるテーマ

アルツハイマーカフェでは毎回集まりのテーマが変わりますが、夕べの集まりのプログラムは一定の枠組みに沿って進行します。コーヒーやお茶を飲みながらあいさつを交わした後、30分間ほど情報が提供されます。情報提供は、認知症をもつ人たちや家族に直接インタビューを行なったり、カフェを訪れた他の人たちとの語り合いの場面の録画ビデオを映写したりして行います。ビデオの前に専門家にインタビューしたり、専門家が講演するなども、しばしば行われますが、それは、明らかに、主催者

や参加者の選択や、好みに応じて行われています。休憩の後、そこに残っている人たちは、夕べの集まりでのテーマについて意見を出し合ったり、他の話題をもち出すこともできます。この後は、飲み物や軽食をとりながら、打ち解けて交流するうちに集まりは終了します。

　ライデンにある第1号のアルツハイマーカフェでは、トピックスの順序は決まっていませんが、ある一定の「基本的な流れや枠組み」には沿っています。各シリーズでは、たいていの場合、トピックスは認知症の進行過程に関連するテーマに沿ったものです。もちろん、この場にはあらゆる類のトピックスが出されてもさしつかえありません。テーマの一般的な「基本的な流れや枠組み」については、以下の1999年に放映されたTeleacのテレビ番組のシリーズで報道されたトピックスのリストを参照してください。

A．何が起こったのでしょうか？

　神経科医が、認知症とは何か、どのようにして診断されるのかを説明し、普通のもの忘れ（忘れっぽさ）やうつ状態と認知症の違いに重点を置き、適切な例を挙げて説明します。

B．記憶はどのように機能するのでしょうか、また、認知症ではどんな
　　ことが起きるのでしょうか？

　神経心理学者が、記憶について―人々は物事をどう記憶したり忘れたりするのか、「記憶検査」はどのように行われるのかについて説明し、早期の段階で記憶低下を補うための支援について、情報や助言・示唆を与えてくれます。

C．もう限界、これ以上やっていけない！

　研究者が、認知症が進むにつれ、無力感がどんどんひどくなり、コミュニケーションもさらに難しくなっていくことを説明します。この説明では、認知症をもっている人の「何かおかしい」という認識と、感情面でこれと上手に対処してゆく必要性を結び付けます。可能な支援についての概要も説明されます。

D．誰を頼れば、助けてもらえるのでしょうか？

　地域保健専門看護師やソーシャルワーカーがインタビューを受けて、「他の人に助けを求めてもいいのですか？」、また、「いつ、どこで、どのように頼めば、支援を受け始められるのですか？」といった質問に答えます。

E．デイケアに通ったり、在宅介護施設への入居は？

　臨床心理士が、認知症をもつ人が自宅での介護を24時間受けることができなくなるのはいつか、どのようにして、その人をデイケアや入居施設に入れるということが決められるのか、さらに、この決定は、かかわりのある人全員にとってどんな意味があるのか、などについてインタビューを受け、質問に答えます。

F．これからは、どう前へ進んだら良いのでしょう？

　ナーシングホーム付きの宗教者たちや、以前に家族の介護をしていた人がインタビューを受け、次のような質問に答えます。認知症をもつ人がその病気の最後の時期（エンド・オブ・ライフ）を迎え亡くなった後、認知症をもつ人と感情的に愛着をもっていた人たちは、どう悲しみを乗り越えるのですか？　すべてが終わった時に、人はどのように

過去を振り返るのですか？　人は、どのようにして、その人生をもう一度築き直すのですか？

　他にも、例えば、デルフトやユトレヒトにあるアルツハイマーカフェのように、その日のテーマや話題を変えたり、ニュースではどんな話題が取り上げられているかを、常に考慮に入れているところがあります。また、集会の間に、参加者たちが再度取り上げて討論したい具体的な話題を求める場合もあります。これまでに話し合われた話題の中にあったものを以下に挙げます。

・認知症の原因
・認知症の症状、徴候
・認知症が意味すること：最初に感じる疑問や不確かさ
・若年性認知症
・認知症とともに生きるということ
・コミュニケーション
・利用できる支援

　テーマについて討論が行われた後に、コメントや質問が出され、個人的な感想が述べられることが、非常によくあります。インタビューする人が、カフェ訪問者たちの質疑応答の音頭をとり、司会をします。参加者たち（専門家たちも含め）は、一種の「生の経験や個人的な洞察を語る人、あるいは、情報資源としてそこにいる人たち」であり、彼らから、さらに多くの反応や具体的な情報を得ることができます。

●頻度と開始時間

　集まりは、例えば、毎月の最初の月曜日のように、月に1回、必ず決まった日に、開かれます。また、集会の時間や長さも決まっています。一般的に、集まりは年に10回ほど、祝祭日を避けて開催されます。現在開かれているカフェの開始時刻は多少異なっています。夕刻に行うところもあり、昼間行なっているところもあります。どちらにも利点があります。

　夕刻のカフェがより多くの人々を引きつけるのは、家族や専門家たちが仕事から帰宅している時間だからです。しかしながら、人によっては、夕刻には外出したくないので、カフェに来たくないということもあります。冬には、特にそういうことがあります。カフェを午後に開く計画を立てているなら、逆のことが言えます。認知症をもつ人たちの子どもたちや専門家たちのように働いている人たちの場合には、なかなか仕事を休むのは難しいと感じています。ですから、あなたが対象とするグループを構成するのは誰であるかをよく考えて、それにカフェの開始時間を合わせることをお勧めします。

●場所（立地）のタイプ

　アルツハイマーカフェの特徴は誰にでも開かれた敷居の低さにあるので、なるべく多くの人たちの関心を引くことができるように、場所の選択は重要なことです。とはいえ、地域によっては、ナーシングホームで集まりを開くことを選択しているところもあります。会場の費用を考えたり、ナーシングホーム側のより広い層の人々に知名度を上げたいという期待が場所の選択に影響を与えます。ユトレヒトでは、ケア・センターの大きな喫茶室が使われています。ハーグ市では、市庁舎の中でカフェが開かれています。カフェを開設するためにどんな組織が準備作業をするにしても、

とにかく、同じ目的に向かって活動することが、きわめて重要です。認知症をもつ人と家族（特に、つい最近診断を受けたばかりの人たちの場合は）が、アルツハイマーカフェを訪問して居心地が良いと感じてもらえるようにすることが不可欠です。カフェでの集まりは、たいていの場合、認知症のより初期の段階の人たちに向けたものなので、よく考えないでナーシングホームをカフェ開設の場所に選ぶことは、普通はお勧めしません。

● 何か結果は？？？…

　結果は確かにあります。新しいカフェでは、初回の参加者はあまり多く見込めませんが、経験的には、明らかに、2回目以降、より大勢の人たちが、たいていは口コミによる宣伝によって訪れるようになります。誰かがカフェを一度訪れると、多くの場合、その人はまた来ます。そういう人を、私たちは「常連（中核となる人）」と呼び、一緒にまた来る家族を「中核となる家族」と呼んでいます。彼らの存在は、他の新しい参加者たちが支えられていると感じられるように支援をする上で不可欠なのです。以後の集まりでは、「常連」の数が増えてゆき、新しい参加者が加わっていきます。

　　カフェに集まった人たちの発言から

　　「まず、非常に勉強になりました。それから、自分だけが問題をかかえているのではないことがわかって良かったです。」

　　「短く答えるとすると…心にひびいた、気持ちをギュッとつかまれた、とても腑に落ちた。」

　　「はじめは、自分が認知症であることは認めたくなかった。でも、ここでは、それが受け入れられていて、そのことが私の助けになった。」

ゾイトホラント州北部の調査で、アルツハイマーカフェの基本的な運営の仕方は非常に好感をもたれているということが、明らかになりました。打ち解けたおしゃべりをしながらの情報の交換は、大変評価されました。参加者たちは、カフェの目標は達成されていると感じました。そのような集まりでは、コミュニケーションもよく、誰もが熱心に参加していて、多くの人が欲していたように、1人ひとりの独自性を認められ、1人の人としてあるがままを受け入れられたと感じました。

●カフェのレイアウトと雰囲気

　カフェのレイアウトの仕方には様々な方法があります。レイアウトで、カフェの雰囲気がある程度決まります。例えば、討論の時間の間に、司会者がマイクを持って、参加者の間を歩き回るようにレイアウトすることができます。こうすると、確実に、そこにいる人たちのかかわりを得られ、何でも気楽に尋ねることができて、参加しやすいと感じられるようになります。別のカフェの場合は、司会者と特別講演者が座る演壇を準備します。質問に対しては、演壇から直接答えます。このかたちでの講演では、講演者たちの専門的知識により大きな重点がおかれます。しかし、演者たちを演壇の上に置くことは、参加者たちとの間により大きな距離をつくることになります。もちろん、アルツハイマーカフェを良い雰囲気にするためには、見た目も「カフェらしい」ものにすると感じがよくなります。しかし、あまりやり過ぎてはだめですが、テーブルにテーブルクロスをかけたり、キャンドルを置いたりすることは、すてきな心遣いを感じさせます。

●音楽

　ご存じのように、音楽は雰囲気にとって大事なものです。カフェに良い

雰囲気を創るためには、カフェタイプの軽い音楽を使うと良いでしょう。もし可能であれば、生の演奏を手配すると良いかもしれません。例えば、カフェによっては、ピアニストを手配すると、参加者がよろこんでくれることがわかっています。当然、これはその場所にもよります。もちろん、他のかたちの生演奏をもってくることができます。集まりの時に流れる音楽は、カフェの目的が変わってしまうほど参加者の心を奪うものではないように、気をつけてください。

●情報提供やアフターケア

カフェに「案内デスク」を準備すると良いでしょう。訪れた人たちが資料を見たり、さらに持ち帰ることもできるようになります。例えば、「若年性認知症」というテーマを選択した場合には、このテーマに合わせて、小冊子やパンフレットを入れたフォルダー（紙ばさみ）を用意することをお勧めします。家で静かに資料を読み通したい人たちが必ずいます。より広範囲の資料を提供するためには、例えば、近くの図書館に連絡すれば、カフェの案内デスクにおき、訪れた人たちが見て役に立つ本が何冊か入手できるかもしれません（借りられるかもしれません）。

アルツハイマーカフェの夕べの集まりが終わった後でも、参加者の中には、集まりの間には質問に対する答えがまだ得られなかった人がいることがあります。そこで、その人たちが答えを得るための支援が得られるようにすることが大切です。このような支援は、カフェのスタッフやボランティア（中核となる専門家たち）を通して得られれば、より望ましいと言えます。そこに参加している専門家なら誰でも、この役割を果たすことができます。参加者にとっては、専門家たちに気軽に質問できるということが重要なのです。

「地域の連絡先リスト」を入手できるようにしておくと役に立つということが、わかりました。また、参加者には、地域や全国のアルツハイマー・電話相談（悩みや訴えを聞く電話サービス）を利用するように助言することもできます。

3 アルツハイマーカフェの集まりはどのように運営されるのか？

アルツハイマーカフェが、一般的にどのように機能するかをすでに述べてきましたが、この項では、より詳細な説明を加えます。アルツハイマーカフェの夕べを成功させるためには、どんな要素が重要なのでしょうか？考慮すべき最も重要なことは、どんなことでしょう？ プログラムの進行を追って実際的な課題をいくつか考えてみましょう。また、毎回の集まりで、カフェの進行の中心となるインタビューをしたり討論の進行役をする人は、カフェの様々なことに注意を払い、全体を把握しながら進行する必要があるため、それぞれの役割についてよく検討しましょう。

●プログラムの次第を計画、立案する

プログラムは、「到着と紹介」、「ビデオによる紹介、あるいは、インタビュー形式の講演」、「討論」、形式に沿った部の後に続く「形式ばらない集まり（歓談）」という、おおよそ4つの部分に分けられます。厳密にスケジュール（の時間）通りに進行させなければならないわけではありませんが、司会者は、形式に沿った部には十分な時間を確保しなければならないということが、実際の経験から明らかになっています。到着や休憩や

終了にはあまり時間をかけるべきではありません。カフェの形式に沿った教育的なプログラムの部分にかける時間は、平均して、長くても１時間までです。

　到着、退出、歓談には、別に時間がかかります。このそれぞれに30分かかります。下記の、時間割（予定表）に示されている通りです。

0.00	到着、コーヒーやお茶を出す
0.30	開会　紹介、ビデオあるいはインタビュー
1.00	休憩時間　音楽と飲み物
1.30	話し合い
2.00	形式に沿った集まりの部終了
2.30	形式ばらない懇親／親睦、退出

● 到着／受付

　普通のカフェには顧客が徐々に集まってきますが、アルツハイマーカフェでもそうです。カフェを訪れた人たちは座る席を見つけて、何か飲み物を飲みたいと思います。このために、30分くらいが許されていますが、このあとで夕べの集まりが、ゆったりした感じで始まります。特に常連（中核となる人たち）は、この時間を使って、お互いの近況を話し、準備をしたりします。次の集まりに一緒に来られるように打ち合わせをする人たちもいます。また、主催者は、講演が始まってから到着する人たちが必ずいることがわかっています。アルツハイマーカフェが始まったばかりで、おそらく、参加者数もまだそれほど多くない場合には、参加者たちがあまりバラバラに離れて座らないように、その場所をレイアウトすることが重要です。少し椅子をかたわらに寄せておいたほうが良いでしょう。これらの椅子は参加者がもっと増えた場合には、出してくることができます。主

催者が直接に新しい参加者を歓迎することが重要です。彼らが後ろのほうに座ったり、独りぼっちにならないように、常連／中核となる家族参加者や専門家たちが座っているテーブルまで案内すると良いでしょう。

●紹介、ビデオあるいはインタビュー

　形式に沿った集まりの部は、歓迎のあいさつ、その日のテーマと演者の紹介、講演やビデオやインタビューで始まります。このためには、30分が予定されています。テーマについての情報を伝えることがカギです。普通は、専門家が招かれて講演し、インタビューを受けます。これは、独演でもよく、講師とインタビューをする人や討論の司会者の間のやり取りでもよく、また、このやり取りに認知症をもつ人やその家族が加わる場合も、加わらない場合もあります。また、認知症をもつ人やその家族とのインタビューでもかまいません。対談や座談は、例えば、質疑応答のようなかたちをとることもできます。専門家を選ぶ時には、その人が経験のある演者であるかどうかを知っていると有益です。良い講演は刺激となって、参加者から質問が出てきます。

　夕べの集まりを始めるもう1つの方法は、ビデオを見せることです。また、これが、講演の一部となることもあります。テレビのシリーズ番組「認知症とともに生きる」は、アルツハイマーカフェという環境の中で録画されたものなので、オランダのカフェでの使用に適しています。また、自宅の環境の中で認知症をもつ人とその援助者のインタビューを録画して、これを集まりの時に見せることも可能です。これは、Den Bosch（デン・ボス）のカフェで行われています。　認知症をもつ人とその娘さんが、そのビデオが紹介された時に、そのカフェでの夕べの集まりに参加していました。当然ですが、このようなことを実施するためには、その人から許可

を得なければなりません。

　それが、講演であっても、ビデオであっても、インタビューであっても、そこで取り上げられている内容それ自体を、参加者が自分たちの状況に照らし認識できるということが重要です。講演の場合には、それにかかわっている人たちからの意見（フィードバック）を聞くことによってこれが可能になります。ビデオを使う場合には、ゲストに、参加した人たちに、何か覚えていることや、自分自身が体験したことなどが、ビデオに出てこないかどうかよく見ていてくださいと、求めることができます。実際の経験から、てきぱきした情報の伝達と同時に、１人ひとりの人に対する敬意を示すことが、討論を最も効果的に導く可能性があります。

●休憩時間

　休憩時間という呼び名の響きとはうらはらに、ここで言う「休憩時間」は、主催者にとっては、集いの中でも、忙しく活躍しなければならない場面です。彼らは、参加者が、人前では聞きたくなかった質問に答えたり、参加者たちがおしゃべり（談話、談笑）をしているテーブルを訪れ、そのおしゃべりの内容がその夕べの集まりのテーマであってもそうでなくても、その輪に加わったりします。この時間を活用して、質問や、休憩時間の後にもち出す討論のための重点をまとめます。彼らが、参加者たちが関心を寄せていることはどんなことかを知ることは重要です。

　休憩時間中、案内デスクには頻繁に人が訪れます。デスクに配置されているスタッフには、あらゆる類の質問が投げかけられる可能性があります。また、具体的な質問のある人たち（カフェのゲストたち）は、常連の参加者である専門家たちに質問を投げかけます。質問で、質問をしたい個人だけではなく他の人たちにとっても有益な質問や、集まりのテーマに関係が

ある質問には、たくさんのアンテナを張って耳を澄ませていることが重要です。その質問に即座に答えるのではなく、質問をした人に、全体での討論の時にその質問をもち出すように促すこともあるかもしれません。

●討論

　休憩の後は、討論をする時間です。その場所にいる人たち（ゲストたち）が、休憩前に提起されたことに反応するかもしれません。これは、よくわからなかったことを明確にするための質問から、個人的な意見や感想に至る範囲のものである可能性があり、数分間にわたるものです。良い討論のためには、司会者が舵をとることが重要です。理想としては、質疑応答が交わされたり、来訪者たち同士の討論があってほしいものです。さらに、限られた時間は、人の注目を引きたくない人たちも含め、発言したい人全員に適切に配分されなければなりません。

　討論が「順調に運ばれる」ように、時々、参加者と多少のルールを取り決めることも必要です。そうすることで、認められることと、認められないことが、全員にわかります。そして、質問をすることや、討論をよりすっきりと進めることができます。誰かが、繰り返し多くの質問をしてその場を支配したり、常に我先に質問したがったり、発言されたことにいちいち意見を述べるようなことがあるならば、他の人たちも発言の機会を待っていることに、気づいてもらえるようにしましょう。場合によっては、他の参加者たちがこの点を指摘することがあるでしょう。このようにすれば、アルツハイマーカフェも、本当のカフェのようになれます。

●肩のこらないおしゃべり（談笑、親睦）、退出

　討論のまとめが終わると、形式に沿った集まりの部は終了します。参加者の一部は、ほぼ直後にカフェから退出します。経験的に明らかなのは、

その他の人たちは、多くの情報を得たり他の参加者たちの話を聞いた後は、気分転換をするため軽い飲み物を飲みながら、お互いにおしゃべりを続けたくなるようです。こうして、カフェの雰囲気が戻ってきます。その後で、多くのアルツハイマーカフェでは、ダンスをしたり歌を歌ったりします。参加者たちが帰ってしまうまでの時間がどれくらいかということは難しいのですが、たいていは30分くらいです。

　希望があれば、アルツハイマーカフェの主催者たちは、打ち解けた集まりの場を借りて、今後の集まりのテーマについて、一部の参加者たちと話し合うことができます。デルフトでは、日誌にカフェの印象を記入してくれるかどうかを、参加者の１人に前もって聞いておくことが習慣になっています。集まりの最後に、その参加者は日誌に記入し、必要であれば、主催者と、彼らが受けた印象について話し合うことができます。この他にもカフェの評価をする方法が使われてきています。ユトレヒトでは、アンケートによって参加者の意見を聞いています。他のカフェでは、主催者たちに対する率直な反応が日付けとともに記録され、保管されています。

●討論の司会者
　普通、アルツハイマーカフェの集まりでは、同じ人が、インタビュアーも、討論の進行役も務めます。しかし、デン・ボス市のアルツハイマーカフェでは、２人の司会者がいます。このやり方でうまく行なってきています。ユトレヒトでは、討論の司会者は２人いますが、交替で行なっています。どのやり方を選ぶにしても、最も大事なことは、討論の進め方や、また、２人の司会者たちの役割を、おおよそ、同じ程度に分けることです。司会のやり方に大きな違いがあると、自由な雰囲気を妨げたりして、参加者たちと討論の司会者間の良い関係を築く上で障害となることがあります。

討論の司会者たちは、カフェのプランを立てる上できわめて重要な役割を果たします。彼らは、集まりの円滑な運営の責任を負っており、参加者たちがその集まりから何を得るかを決定します。したがって、主催者は、信頼してこのすべてを任せることができると思う人を確保して、討論の司会者として、選任してください。ここまでに、「専門家」、または、「進行役」という２つの異なるタイプの、討論の司会者の役割をもつ人がいることを確認してきました。

　「専門家タイプ」のインタビュアーは、参加者からの質問に答えたり、討論の中で自分の見解を述べることができます。重要なことは、このタイプのインタビュアーは、専門家として仕事に従事しており、また、専門家グループの仲間たちを知っているということです。自分の仕事を通して参加者を知っているという場合もあります。普通は、このことによって信頼関係が生まれ、参加者の率直な気持ちや安心感を高めることができます。専門家の欠点は、すべての質問に答えてしまい、お互いの経験を共有する余地を残さないことです。

　「進行役タイプ」のインタビュアーは、討論の間に発言を望む人は誰でも、必ずそのような機会が与えられるようにします。専門的な質問の答えは、出席している専門家たちに任せます。この場合には、いつもの決まった専門家のチームに出席してもらい、カフェを運営することをお勧めします。進行役が、専門家たちに専門用語をなるべく使わないように説明し、参加者との良い関係を築くことができれば有益でしょう。良い進行役は、自分の知識の足りなさと中立性を、上手に使いこなします。

　完璧な討論の司会者など存在しません。しかし、理想的な司会者がも

しいるとしたら、以下のリストに示すような資質をもっていることが望まれます。

次のような資質も重要です。

・異なる種類の認知症と認知症をもつ人への接し方を知っていること
・配偶者や家族の問題に関する経験が豊かであること
・グループ討論をリードする座長としての広い経験があること
・司会をする態度が、打ち解けた感じで、信頼できる人柄であること

> **討論の司会者／インタビュアーの資質**
> ・質問や、質問をする人たち対して完全な敬意をもっていること
> ・参加者の気配や様子に気づき巧みに対応する能力があること
> ・参加者からの質問をわかりやすく言いかえたり、うまく伝える能力があること
> ・参加者たちと「友人、仲間」のような関係を保つことができること
> ・自由な対話を促進できること、さらに、タブーであるテーマについても避けずに話題にして取り組むようにする能力を備えていること

ここまで述べてきたことから、例えば、経験豊かな臨床心理士であれば、討論の理想的な司会者になるだろう、と思う人もいることでしょう。それも良い選択と言えますが、もちろん、必ずしもそうでなければならないわけではありません。特に、2人の司会者を使うという選択肢や、専門家チームと組み合わせて、経験のある進行役を使うという選択肢をとった場合には、そう考える必要はありません。

どの選択肢をとるにしても、司会は難しい仕事であること、さらに、討論の司会者がその役割を巧みに果たしているかどうか、それも熱意をもっ

て行なっているかどうかについて、常にチェックすべきであることを、あらかじめ理解しておくと良いでしょう。司会者は、参加者の送るサインに巧みに対応しなければなりません。カフェには、厄介な質問をする人たち、泣いたり笑ったりする人もいれば、心を動かす体験談をする人や、解決できない問題をかかえている人など、あらゆる人たちが参加している可能性があるのです。

4 アルツハイマーカフェをどのように開設するか

あなたの地域にアルツハイマーカフェを開設しようと決めたなら、まず作業チームをつくることが賢明です。普通、作業班は、カフェの開設を計画している組織内の3〜4人のメンバーで構成されます。作業班のメンバーの間で作業を分担し、欠席者がある場合には、誰が、誰の代役を、務めることになるのかについて意見を一致させておくと、最も運営しやすいでしょう。

いったんカフェが始まったからといって、作業チームを解散する必要はありません。作業チームのメンバーは、その後もカフェの装飾や模様替えをしたり、軽い飲食物に気を配ったり、情報・案内デスクに人を配置したりして、手助けを続けることができます。そしてもちろん、カフェのテーマやプログラムを準備する役割を担うこともできます。

アルツハイマーカフェ開始決定と、初めての集まりとの間には相当の時

間がかかることがあります。平均的な準備期間は3ヵ月から6ヵ月です。アルツハイマーカフェの開店は、世界アルツハイマーデイの日に行われることが多く、それは、9月21日前後ということです。

●マニュアル

活動の進捗をモニター（チェック）するために、マニュアルを用意することを考えるべきです。準備期間中に出てくるそれぞれの作業範囲に関して、ちょっとした作業リストを作成することをお勧めします。作業リストには、誰が、いつ、何をするか、を明記します。作業チーム会議で、作業リストも含めたマニュアルは定期的に最新版に更新できます。

> マニュアルの大要
> ・専門家グループの設置
> ・立地（場所）の選択
> ・討論の司会者の選択
> ・日時の決定
> ・テーマと紹介（説明）
> ・広報に関する計画
> ・定期的評価
> ・予算

一般的に言えば、マニュアルを使って作業を進めることは、ただ思いついたことを進めていき、みんなの記憶に頼って作業することに比べ、はるかに効果的なやり方です。マニュアルがないと、いろいろなことが簡単に忘れられてしまいます。また、マニュアルがあると、新しいボランティアにとっても役立ちます。マニュアルは初回の集まりの準備期間中に作成

できます。カフェのある地域によって、違いが非常に大きいので、「スタンダードな（標準的な）」マニュアルはありません。しかし、ある一定のことは、記述しておくと良いでしょう。

●専門家グループ

　ほとんどのカフェが、「運営グループ」とも呼ばれることがある「専門家グループ」の支援を受けて活動を開始します。専門家グループは、建設的かつ重要なグループで、作業グループにとっての「シンクタンク（頭脳集団）」や「訪問者」として共に行動する人々の集団です。実際には、2、3ヵ月ごとに会議をします。最初のうちは、よりひんぱんに会議をすることもあります。

　メンバーは、1つの町や組織からではなく、地域のケア分野で活躍している人たちです。こうすると幅広い支援が提供されるので、実際に最も役立つやり方です。メンバーは認知症をもつ人たちやその家族に、アルツハイマーカフェについて情報を提供する重要な役割を果たすこともできます。カフェについて他の人たちにも情報を伝える理想的な集団なのです。ですから、必ず、あらゆる分野からのケアの専門職の人たちが代表されるようにしてください。

●立地場所の選択

　アルツハイマーカフェにとって、場所と雰囲気は非常に重要なものです。ですから、心理的にも物理的にも良い場所を選んでください。「心理的に良い立地／場所」というのは、カフェの来訪者がくつろいだ気持ちになれる場所という意味です。先に挙げた例でも触れましたが、ナーシングホームは、カフェを開くには完璧な場所かもしれないのですが、認知症の診断を受けたばかりの人たちにとっては脅威を与える可能性がある

場所です。彼らは、認知症の比較的後期の段階にある人たちとは、面と向かい合いたくないと感じている場合もあります。

物理的に良い立地／場所とは、安全性、利便性、障害者に優しい（障害者にとって使い勝手の良い）設備の完備、駐車場の完備などの、特質を持っている場所という意味です。入り口が、人々が安全でないと感じるような暗くて狭い通りにありませんか？　駅からの交通機関への連絡は便利ですか？　建物のみならず、室内についても一定の必要条件を満たしていなければなりません。最も重要な問題は、その場所が親しみのある雰囲気を創るために適切かどうかということです。

その場所に関して、満たすべき実際的な必要条件（次の項目を参照してください）はさておき、一定の設備も不可欠です。これは、集まりごとに変わってきます。討論のためには、参加者全員の発言が聞こえるように、マイクを使うと最も効果的でしょう。良い音声設備（機器一式）は必要であり、おそらくビデオスクリーンも必要でしょう。何を使うか、どんな機器が必要になるかをよく考えて、チェックリストを作ると便利でしょう。また、喫煙に関するルールにはどんなものがあるでしょうか？

●実際的な必要条件

・部屋は広過ぎませんか？　小さく仕切ることができますか？
・テーブルや椅子は、目的にかなった実用的な並べ方が可能ですか？
・参加者には部屋の中の様子がきちんと見えますか？　照明は、独立して操作できますか？
・全員の発言が聞こえますか？　外からの騒音は聞こえないでしょうか？

●軽い飲食物

　これは問うまでもないことですが、軽い飲食物は用意されていなければなりません。これは、その場所の責任者と取り決めるのが最善でしょう。どんな飲み物が常時用意されるのでしょうか？　コーヒーとお茶だけですか、それとも、ソフトドリンクやアルコール飲料も用意されるのでしょうか？　飲み物は、運営委員会のメンバー、あるいは主催者が提供するのですか、それとも、出張のケータリングを使うのですか？　これはコストに影響します。参加者には、一部あるいはすべての飲料について支払ってもらうのですか、それとも、アルコール飲料の分だけですか？　一杯目のコーヒーは無料ですか？　テーブルにはつまみ（スナック）が出されるのでしょうか？

●集まりの計画を立てる

　準備段階では、最初の3回あるいは4回の集まりのためのトピックスを選び、意見を一致させておくことが賢明です。これは専門家グループと一緒に行なってください。講演を依頼する人たちには、なるべく早期に連絡をとり、引き受けてもらえるかどうかの確認をとると良いでしょう。そうすれば、ビデオも準備することができます。普通、講演者は、好意として、あるいは、実費のみで引き受けてくれます。すべてのことを文書にして確認し、アルツハイマーカフェへの道順や、駐車場の場所などの、役に立つ情報を提供してください。

　地域のシンポジウム、公開討論会や、より広い層の一般市民のための情報普及キャンペーンなどは、アルツハイマーカフェのオープニングにとってプラスになることがあります。カフェは、必ず、定例の集まりと同じ日時と場所で実施するようにしてください。そうすれば、おそらく、カフェのゲストたちは将来もこの時期に来ることができ、不必要な混乱も避

けることができるでしょう。

　カフェの集まりが1回目であっても、100回目であっても、毎回の集まりの評価を行うことが賢明です。どんなことがうまくいったでしょうか？どんなことがうまくいきませんでしたか？　改善できること、改善しなければならないことは、何でしょうか？　こういった評価を、常に専門家グループに見せてください。協力して集まりのプログラムを確実に良いものにすることができます。評価は文書にしてください。文書にしておくことによって、あなたや他の人たちにとっても役に立つでしょう。

●報道機関への連絡
　もちろん、主催者側としては、カフェに人々が集まって参加してくれるように、カフェが有名になってほしいと思うでしょう。そうであれば、地域の報道機関に、早期にあなたの計画を知らせることが賢明です。各報道機関に依頼して編集締め切りのリストを取得しておくと良いでしょう。また、新聞社に電話で連絡し、カフェの初回の集まりに編集者を招待すると協力を得られることもあります。

　主催者側から、一度報道機関と近づきになれたら、次の機会に別の集まりについて知らせた場合には、より快く応じてもらえるでしょう。費用をかけずに広告宣伝をするためには、これは重要なことであると言えます。地方や地元の新聞、無料の新聞、ケーブルテレビ、地方のテレビ局を通しても、集まりについて知らせることができます。また、薬局や、保健所、スーパーマーケットや、モバイルショップなどに、ポスターを貼ることもできます。

●介護組織／施設で知名度を得る

　介護組織／施設、特に地元のアルツハイマー病協会の団体は、人々をあなたのアルツハイマーカフェに紹介してくれる重要な存在です。こういった組織や団体は、専門家グループに含まれる場合もあります。とにかく、カフェの存在を知らせるべきです。先に挙げたいろいろな組織に加えて、一般医、病院、ソーシャルワーカー、教会の組織や女性団体などにも、連絡してください。

　これらの組織に、新聞記事材料や、パンフレット、小冊子などを送ったり、こちらから申し出て情報を提供したり、組織や企業の機関誌（社内報、PR誌）向けに記事を送ったりすることもできます。もし誰か個人的な知り合いがいるなら、直接彼らを招いて、アルツハイマーカフェに来てもらってください。

●来訪者を獲得する（集客・勧誘活動をする）

　報道機関を用いて広報したり、関連機関にも連絡して、カフェの潜在的な参加者を掘り起こすことが必要です。アルツハイマーカフェの存在を知っていても、自分からカフェに来る人ばかりではありません。中には、みずから訪れる人もいますが、それ以外の人たちには、こちらからカフェに誘ったり、励ましたりする必要があるのです。

　初めて訪れる人は、たいてい、慎重に接近してくるでしょう。配偶者や介護者、あるいはその人にとって重要な立場にある誰かが、まず1人で下見に来て、認知症をもつ本人がくつろげるかどうか、雰囲気を確かめたり、また、自分たちにとって、どのように役立つかを調べたりすることもあります。　こうした背景を考えると、アルツハイマーカフェの集ま

りでは、新しく参加した人たちも含めて、参加者全員にとって、カフェが意義のある役立つものであることを、毎回、明らかに示さなければなりません。特に、新しく訪れた人たちに対しては、スタッフは歓迎の気持ちを伝え、カフェでどんなことが起きているか、説明する必要があるのです。

来訪者は、いつ来ても良いし、いつ帰っても良いことを、スタッフは説明すると良いでしょう。もちろん、終了時には、その日の集まりをどう思ったか感想を聞き、次回の集まりに誘うことも重要です。

●口コミ広告

初回の集まりから80人もの来訪者があると期待しないでください。誰もがアルツハイマーカフェの存在を知っていると思い込まないでください。宣伝広報の効果が出るためには時間が必要です。カフェについての情報は徐々に広まっていきます。周りの人たちでカフェを紹介してくれそうな人たちと連絡をとり合い、カフェがより多くの人たちに知ってもらえるように、定期的に努力してください。いったん、アルツハイマーカフェが活動し始めたら、来訪者数は増えるでしょう。初めてカフェの集まりに来る認知症をもつ人や介護者の人たちのうち、多くの人が、カフェの常連の参加者に勧められたり、よく来る他の訪問者たちに誘われて、訪ねてくるのです。熱心な専門家の人たちも、カフェへの参加を奨励するかもしれません。ですから、最も効果的な宣伝とは、参加した人たちにカフェに来て満足して帰ってもらうことなのです。参加者の経験を、パンフレット、新聞、あるいは、チラシに掲載することによって、宣伝として活用することができます。さらに、地方のラジオ局を利用できるのであれば、ためらうことなく「常連の参加者」を招き、自身の経験を語ってもらえるようにしてください。これは、多くの場合、聴取者から多くの反応を引き起こします。インターネットは、知名度を上げるためのもう1つの媒体となる可能性があります。

5 アルツハイマーカフェは、誰にでも開かれている?

　このマニュアルには、アルツハイマーカフェを開設することに興味のある人たちにとって役に立つと思われる、頻繁に提起されてきたトピックスをいくつか載せています。これ以外にも、多くのトピックスがありますが、一部は個々の事例に基づくもので裏付けに乏しいもの、一部は実際に非常に役立つものです。これを記録するために、私たちは、定期的に様々な意見や、心の底からの叫びやかかえている困難な問題を聞き集めています。このような情報は、関心のある人たちに、公開しています。そうすることによって、さらに多くの反応が生まれることを期待しています。このようにして、私たちは、アルツハイマーカフェの基本的な概念を継続的に、発展的に、議論し練り上げてゆきます。以下に、現在までに実際に受けたコメントの一部を紹介します。

●認知症をもつ人たちにカフェに出席してもらう

　初めのうちは、カフェに認知症をもつ人たちの心を引きつけることは、必ずしも簡単ではありません。こちらから彼らに接触することは難しいということがわかりました。そこで、メモリークリニック（もの忘れ外来）の神経科医や、デイケアセンターの数人のスタッフのところに行き、協力をお願いしました。彼らは、初期の認知症をもつ人たちと、緊密に、定期的に接触している人たちなのです。もっと前に、（紹介者としての）彼らのところに行くことを思いつくべきでした。

●来訪者たちと相談しながら

カフェを、参加者たちが気に入れば、またカフェを頻繁に訪ねてくれるでしょう。そうなると、当然、「常連のグループ」ができます。このような参加者たち自身でテーマをいくつか提案してくれるようになれば良いと思います。彼らとも相談をすることによって、参加者たちは、カフェを「自分たちの」カフェであると理解するようになると、私たちは考えています。

●討論の進行についての提案（プラン）

私たちのこれまでの経験では、討論を進めるためのプランを立てて使うと討論がうまく進められます。討論されていることを、ある程度コントロールすることができます。どのように進行するかは、進行役と一緒に綿密に準備、計画すると良いでしょう。休憩時間の前に司会者が、何を言うのかを把握しておかなければなりません。

●音楽の音量を低く抑える

音楽の音が大きすぎて、自分が話していることが自分にも聞こえないような場所に、誰でもきっといたことがあると思います。アルツハイマーカフェでも、音楽の音が大きすぎて、お互いの話を聞くことも大変になってしまうと、そこにいる人たちは非常にイライラします。いずれにしても、補聴器をつけている人たちにとっては迷惑なことです。音楽は会話の邪魔にならない程度に、あくまでBGMに留めるのがふさわしいでしょう。

●地域全体からの人々を呼び寄せる

地域の他の場所でアルツハイマーカフェを開設する予定があるかどうかと、人に聞かれることがよくあります。1つのカフェには、1つの地域での役割があることを伝えてきましたが、これにはどう対処するのがいい

のでしょうか？　現存している組織が、すでに大量のエネルギーと資源を必要としているのです。

●認知症をもつ人たち…

　アルツハイマーカフェの中心にいるのは、認知症をもつ人たちです。私たちは、このことを常に肝に銘じ、決して忘れないようにしなければなりません。彼らにカフェでの時間を楽しんでもらうことももちろんですが、あらゆる力を尽くして、認知症をもつ人たちと共にあることこそが、私たちの目指していることです。もし、彼らが何らかの技能や才能をもっていたり、あるいは、何かについて特別の意見をもっていたりするような場合には、カフェの集まりで、その意見を発表してもらったり、美術作品の展示や、ピアノの演奏をお願いするなど、この場で、今ある能力をできる限り生かし、発揮できるように、サポートすることが大切です。認知症をもつ人たち1人ひとりの価値を認めるように、私たちは、意識して努力する必要があります。常に意識し続けることは容易なことではありませんが、私たちは、この努力を怠ることがないようにしなければならないのです。

〈参考文献〉
・Dementia in Close Up, Bère ML Miesen, translated by Gemma MM Jones, Routledge, Tavistock, London (2000)
・Caregiving in Dementia, volume 1, Gemma MM Jones and Bère ML Miesen (Eds.), Routledge Tavistock, London (1992)
・Caregiving in Dementia, volume 2, Bère ML Miesen and Gemma MM Jones (Eds.), Routledge Tavistock, London (1997)

〈出版予定〉
・Caregiving in Dementia, volume 3, Gemma MM Jones and Bère ML Miesen (Eds.), Routledge Tavistock, London…準備中 (2002)
・Caregiving in Dementia, volume 4, Gemma MM Jones and Bère ML Miesen (Eds.), Routledge Tavistock, London…準備中 (2003)

専門家への質問（実例）

●「介護者たちを支援する専門家（サポート・ワーカー）」に対するインタビューの質問の実例

Q1　介護者たちのサポート・ワーカーとしてのあなたの仕事にはどんなことが含まれているのか、説明していただけますか？

→自宅での、介護者たち自身の経験や大変なこと（困っていること）、特に、しなければならないが、それをするためには何らかの助けが必要になるかもしれない、様々なことについて、彼らの話を傾聴すること。

→地域／全国的な支援に関する情報、さらに、どうすれば自分のための時間をつくることができるかについての情報を提供すること。

→他のサービス提供者やグループに関する情報を提供する。例えば、Adult Services（成人／社会人のための専門家による支援機構）についての情報や、どんな支援が、利用できるかについての情報を伝える。例えば、要支援者と介護者／援助者のためのアセスメント、レスパイトケア、デイケア、看護／付添いサービス、作業療法、感覚療法、経済的なアセスメントと給付チーム、（ボランティアによる）給食宅配サービスへの紹介、労働・年金省から給付金や手当を受給するための申請書をきちんと記入するための説明や、実際に記入する時の直接の手助けなど。

Q2　たいていの介護者／家族は、どのようにあなたのところに紹介されるのですか？

→一般開業医や診療所勤務の一般医、地域保健師、地域精神医学看護師、訪問看護師（巡回保健師）、ソーシャルワーカー、ケアマネジャーを介して紹介されます。しかし、介護者／援助者たち自身も含め、誰でも、介護者／援助者サポート・サービスに直接に問い合わせ利用することができ、また、多くの人がそうしています。

Q3　他には、どんな種類の支援（サポート）がありますか？

→介護者たちに向けた特別な種類のサポートがあります。

→地方（場所）によっては、介護者たちが求めていることを中心に考えられたトピックスについて情報を提供する「介護者のための情報提供の日」があります。提供される情報には、排泄に関する助言、給付金（手当）、リラックスするために過ごせる日、移動や介護、法律的な事柄、などに関するものがあります。

→様々な、ヘルプライン（悩み事相談電話）の番号や支援団体があり、その他にも、多くのパンフレットなど印刷物もあります。

→アルツハイマー病協会のグループのような団体や、その他にも慈善団体がたくさんあり、こういった団体は、実際に役立つ支援や、社会的、文化的な支援、また、感情的（情緒的）な側面や、スピリチュアルな側面の支援など、様々な面で異なったタイプの支援を提供しています。

Q4　あなたが出会う最も困難な状況にはどんなものがありますか？

→大きく２つに分けられます。１つは、支援が必要なのに、それを拒否する介護者／援助者たち、もう１つは、支援が必要であり望んでいるのに、十分な支援が受けられない介護者／支援者たちです。

Q5　最近診断を受けたばかりの人の介護者のために、どんな助言（アドバイス）がありますか？

→介護者、また家族の方たちに対する最善の助言としては、必要な情報を取得すること、外部からの必要な助けや支援を求めること、よくわからない時には（どんなことでも、何回でも）質問をすること、自分の感じていることや気持ちを自分だけでかかえないで相談してみること、そして、認知症をもつ人が自分の感情を表現できるように助けてあげるよう介護者を励ましています。いろいろなことが明らかになると、お互いから学ぶことや、支援し合うことが、いっそう可能になります。

●心理士（心理学者）に対するインタビューの質問の実例

Q1　あなたは、ＸＸ○○に勤務している心理士（心理学者）ですが、あなたの
　　お仕事にはどんなことが含まれているか教えていただけますか（あなたの
　　お仕事の内容について教えていただけますか）？

Q2　相談に来る人たちは、あなたのところにどのように紹介されて来るのです
　　か？

Q3　あなたが取り扱う問題の中で、最もよくある種類の問題にはどんなものが
　　ありますか？

Q4　相談に来る人たちには、どんな支援や助言を提供できますか？
　　（認知症をもつ人と介護者（援助者）の両方に提供されている支援サービ
　　スを説明してください）

Q5　どんな状況下で、人は「もう限界だ！」ということを認めるようになるので
　　すか？　彼らがかかえている問題（困難なこと）には共通の特徴的なものが
　　ありますか？

Q6　あなたの観察（経験から）から言って、多くの人たちは、自分たちにとっ
　　て度を越すほど過酷になるまで、あるいは、自分たちが危機におちいって
　　しまうまで、実際に待ってしまうのですか？

Q7　「もう限界だ」ということを人が認めるのを引きとめているものは、いっ
　　たい何ですか？

Q8　助けを求めるための最も良い時期について、介護者たちに対して、あなた
　　から助言するとしたらどんなことを言ってあげられますか？

●昼間病院（昼間だけの外来患者専門病院）の看護師長に対するインタビュー
　の質問の実例

Q1　あなたは、広い年齢層の認知症を含め様々な類の疾患をもつ人たちと、取
　　り組んでおられますが、昼間病院ではどんなことが起きているのか説明し
　　ていただけますか？

Q2　昼間病院と、デイケアとレスパイトケアの違いは何ですか？

Q3　昼間病院には、どのように紹介されるのですか？

Q4　そこでの、あなたの具体的な役割は何ですか？　他にはどんなスタッフが働いていますか？

Q5　あなた（の病院）と連係しているサービス提供団体、組織、行政機関には、どんなものがありますか？

Q6　あなたの（病院のサービス）では、どんなケアが「良いケア」と考えられていますか？　どんな活動を提供していますか？　認知症をもつ人の家族が昼間病院を訪れて、自宅とは違う病院という施設の中で、認知症をもつ人がうまく対処しているかどうかを見届けるように奨励していますか？

Q7　たいていの人たちは、昼間病院でどれくらいの時間を過ごしていますか？

●地域精神科看護師に対するインタビューの質問の実例

Q1　あなたの仕事にはどんなことが含まれているのか説明してください。典型的な（標準的な、普通の）日にはどんなことをしていますか？

Q2　認知症をもつ人とその家族には、どのようにして接触するのですか（出会うのですか）？　普通は、重大な危機になってしまってからですか？　それとも、状況が深刻になって手のほどこしようがなくなってしまう前に、訪問を求められるのですか？

Q3　どれぐらいの頻度で、どれぐらいの時間、たいていの家族を訪問していますか？

Q4　家族の人たちと認知症をもつ人には、異なるニーズがあるかもしれません。あなたの（限られた）時間の中で、両者への支援を、どのようにバランスをとって実践するのですか？

Q5　家族の介護者（援助者）が、介護の荷が負いきれないほどになり疲れ果てていることがわかった場合には、彼らには、どのように話を切り出しますか？

Q6　認知症をもつ人たちが下腿潰瘍のような身体の疾患があったり、栄養の

強化を必要としている場合には、他の看護師たちや専門家たちと、どのように連係をとっていますか？

Q7　もし、認知症をもつ人たちがより早期に診断を受け、認知症をもっていることについて、もっと多くのことを話すことができていたなら、あなたの仕事は、（現在とは）異なるものになっていたでしょうか？

●アセスメントをする家族療法の専門家に対するインタビューの質問の実例

Q1　あなたの仕事にはどんなことが含まれますか？　家族に対してはどんな種類の支援や助言ができますか？

Q2　彼らは、どのようにしてあなたに紹介されるのですか？　誰でもあなたに相談できるのですか、それとも、特別なニーズのある家族、あるいは、危機に瀕している人たちだけが、相談に行けるのですか？

Q3　あなたは若年性認知症をもつ人の多くの家族の相談にのっていますか？

Q4　あなたに相談するについて、家族がもっている最大の恐れ（心配、不安の種）は何ですか？

Q5　あなたが取り組む問題で、最もよくあるタイプには、どんなものがありますか？

Q6　最も多く聞かれる質問にはどんなものがありますか？

Q7　あなたが遭遇する最も困難な状況とは、どんな状況ですか？

Q8　家族全員のニーズのバランスをどうとって取り組んでいますか？

Q9　家族の中で、認知症の人が1人いたら、普通は、どんなアドバイスをしますか？

●一般医に対するインタビューでの質問の実例

Q1　記憶や思考力に関する懸念をもって、あなたが診察している人は、毎年何人ぐらいいるでしょうか？

Q2　普通、あなたに連絡してくるのは、認知症をもっているかもしれない人、

本人ですか、それとも、その配偶者（重要な他者）や家族の人ですか？

Q3 あなたの経験では、たいていの人は心配になってすぐに来ますか、それとも、もしかすると危機的な事態が起きることさえ長い間待ってから、勇気をふりしぼって来るのですか？

Q4 私たちの誰もがするような類の勘違いをするので、自分の記憶力が心配な人たちと、本当に記憶することがすでに困難になってしまっている人たちとを、どう見分け（区別し）始めるのですか？　アルツハイマーカフェの数人のゲストが、自分たちの家族の認知症をもつ人が医者の診察を受けに行くことを嫌がったと話していました。絶望的になって、家族は一般医に内密に連絡し、診察予約をとるためにその人を連れて行くための口実（理由）を見つける必要があることを説明しました。これには様々な対応があって、一部の一般医は協力的でしたが、家族と話すことを拒否した医師もいました。他にも、「個人情報に配慮」して（気にして）、家族が同席することや、家族に重要な情報を伝えることには気が進まない医師たちもいました。また、生命倫理に関するナフィールド審議会（The Nuffield Council on Bioethics）の報告書である「認知症：その倫理的課題」（"Dementia; ethical issues"）も、家族の介護者／援助者に対する一般医の支援の欠如を問題として取り上げています。

Q5 診察する患者さんに対して、あなたの診療所ではどんな取り組み方がなされていますか？

Q6 記憶や認知に関して患者さんがかかえている問題について、あなたは、その人にはどのように話すのですか、どの程度正直（率直）に話すのですか？ あなたは、どのような言葉や用語を使いますか？

Q7 認知症をもつ人たちに対するこの最初の務めを果たすにあたって、医師として最も難しいことは何ですか？

Q8 認知症をもつ人たち、その介護者／援助者たちや家族たちに対する支持的な治療を長期にわたって提供するという観点から、あなたの役割をどう理解していますか？

Q9 あなたの診療所（病院）で、誰か「認知症に特別な関心」をもっている

人がいますか？　その人に、認知症をもつ人とその介護者や家族を、あなたから紹介することは可能ですか？

Q10　あなた自身の家族の中に、誰か認知症をもつ人がいますか？

アルツハイマーカフェの品質管理基準33項目

「Kwaliteits criteria for Alzheimer Cafés」
（2005年作成／オランダ、アルツハイマー病協会出版）
英語版翻訳者：GMM Jones（出版者の許諾による）
2007年5月

略語：AC = アルツハイマーカフェ
　　　ACs = 複数のアルツハイマーカフェ
　　　AN = Alzheimer Nederland = オランダアルツハイマー病協会
　　　（全国／中央組織）
　　　QCC = 品質管理基準
　　　SEP = 自己評価手順

▶品質管理基準の背景

　2005年に、ACs（複数のアルツハイマーカフェ）の品質管理基準が作成されました。これらの品質管理基準は、地方のアルツハイマーカフェが、各地域の事情に応じた、必要な変更ができるようにしながらも、「アルツハイマーカフェのビジョン（理想像）の中核をなす要素」を確保してゆくための方法を確立する、継続的な努力の一環として創られたものです。

　これらの基準は、ACsの数が急増していた10年間の経験から導き出されたものです。この作成にあたっては、内容を入念に吟味してくれた250名のボランティアの力を借りました。

▶品質管理基準の33項目

A. 理想像と目的 （ビジョンとゴール）

アルツハイマーカフェは、認知症をもつ人、その家族、友人、近隣の人たちにとって、安全で、誰にでも開かれた敷居の低い、心地良い環境です。カフェには、様々なヘルスケア（健康管理）の専門家や、アルツハイマー病協会やその他の地域の認知症支援団体のメンバーが参加します。アルツハイマーカフェは、支援や情報（知識）を提供し、認知症について、よりオープンに（率直に）話し合えるよう取り組みます。

B. ゲスト （The guests）

1. ACの参加者（出席者）の少なくとも5％は、認知症をもつ人たちであること。
2. 認知症をもつ人たちと彼らの家族は、ACの集まりの間は、普通のファミリーレストランやカフェに行くのと同じように、専門家やボランティアの人たちに混じって、同じ空間に、普通に、テーブルに着席し、休憩時間や、懇親のための時間には、他の人たちと出会い、おしゃべりができるようにします。
3. ACの参加者（出席者）たちには、様々な経歴をもつ地域のケア（介護）の専門家（少なくとも3種類／3つの分野から）たちが含まれます。これらの専門家は、地方・地域に精通しており、認知症が及ぼす影響についての社会的な知識も身につけています。
4. ACに参加するケアの専門家たちは質問に答え、認知症をもつ人とその家族のかかえる問題に応えます。

C. 特定のテーマのある討論の指導者／司会者たち （リーダーシップ）

5. 特定のテーマがある討論は、ゲスト（参加者）にとって、必ず、馴染みがあり（親しみやすく）、一貫性があるようにするために、（信頼できる）いつも同じ、1人の人、あるいは、2人1組の人たちに任されます。
6. 特定のテーマのある討論では、認知症に関する多くの専門分野にわたるケアの知識を実例を使ってわかりやすく説明します。

7. 特定のテーマのある討論では、認知症をもつ人とその家族との実際の対話（やり取り）や、助言をした経験を、実例を使って説明します。

8. 特定のテーマのある討論は、認知症をもつ人との触れ合いやコミュニケーションをとるための模範（モデル）になります。

D. ACの年間のプログラムの内容

9. 年間のプログラムの大半は、毎年始めには、既に立案されています。

10. プログラムは1年をサイクル（周期）として実施され、その間のテーマは、認知症の道のりを反映するものです。

11. ACの集まりでは、認知症の医学的な側面に比べ、心理社会的な側面により多くの注意が向けられます。

12. ACsの教育的な部分は、主に、討論のリーダーが司会者（進行役）となって、専門家や認知症をもつ人とその家族のインタビュー形式で行われます。

13. カフェの夕べの集まりでの討論は、通常、5部に分けられ、各部に30分の時間が割り当てられます。

・ACの来訪者たちとの社交的な会話に30分

・インタビュー、または、対話形式の討論に30分

・音楽を聞きながらの休憩に30分

・来訪者からの追加質問のために30分

・引き続き懇親／親睦のための談話（談笑）のために30分

14. 特別講演者として依頼される専門家の少なくとも70％は、その地方（地域）で仕事をしている人たちでなければなりません。

E. AC の集まりを組織（主催、運営）する

15. 各AC は、年に少なくとも10回の集まりを開きます。

16. 集まりは、例えば、月の第1火曜日のように、各月の決まった日に開きます。

17. 室内には、適切な音響装置と、討論のリーダー、インタビューされる人、また、室内にいる他の人たちが質問をしたい場合のために、マイクが用意されています。

18. 夕べの集まりの「討論以外の時間」には、音楽をかけたり、演奏をします。

19. 室内には、「案内デスク」が用意されていて、そこには、アルツハイマー病協会や、その他の信頼できるよく知られている情報源から発行されている、ACに参加する平均的な人向けの案内のパンフレットや小冊子、印刷物がおいてあります。

20. 案内デスクには、アルツハイマー病協会や、その他の地域の認知症支援団体からのボランティアが少なくとも1人配置されています。

21. ACを開催する場所は、認知症の初期段階にある人たちや記憶障害のある人たちを、できる限り、おびえさせたりすることのないような（違和感なくとけ込みやすい）環境を選定します。ナーシングホームは、最適な場所ではありません。

22. ACのゲストの出席は、無料です。AC開催中に、寄付を求められることはありません。

23. ゲスト到着時や退出時には、ボランティアが出迎えをし、付き添ったり、見送りをします。また、彼らが悲しくなったり、不安になって落ち着かなかったり、伝えられた情報をどうしてよいのかわからなくなっている場合には、ていねいに対応します。

24. ACは、アルツハイマー病協会の地方支部と、地域の認知症支援団体、少なくとも3つの異なる専門分野からのボランティアたちの協力によって組織・運営されます。ボランティア専門家たちには、例えば、介護ヘルパー、看護師、また、家族の中に認知症をもつ人がいる介護者（援助者）で、カフェへの出席や認知症の進行についてよく知っており、上手に対処してきている人たち、また、必ずしも司祭や牧師ではないけれど、人々の人生や信条についての選択肢に関して彼らと話したり、宗教的な儀式の進行役を務めたり、認知症をもつ人やその家族が亡くなる時に支援を行う、内面の世界に対するケアを行う人たち、介護者支援ヘルパー、ソーシャルワーカー、作業療法士、理学療法士、言語聴覚士、心理士、医師などが含まれます。

25. ACは、運営委員会や作業グループによって組織されます。運営委員会や作業グループには、上記24.に具体的に挙げられているすべての専門家が

積極的に参加します。[この委員会は、集まりを組織する一定数の委員に
よって構成されます]

26. アルツハイマー病協会支部や、その他の地域認知症支援団体の指定されて
いる連絡係（担当窓口）が、これらの団体の代理（代表）として責任をもって、
運営委員会に対し、地域のAC限定の決められた連絡係（担当窓口）を任
命します。

27. ACの運営委員会は、ACの品質に対する責任と、QCCを強化・遂行する
責任を負います。

28. ACや、その広報のための催しに関するもの、年間のACのプログラムな
どに関するもの、また、その他の全般的なことに関するものも含め、あら
ゆる情報提供資料には、アルツハイマー病協会のロゴや、その他の地域認
知症支援団体のロゴが、明らかに見えるように表示されていなければなり
ません。

29. 運営委員会は、ACの活動を推進するため、地方の報道機関から知名度を
得るよう、少なくとも年に2回の（広報）活動を行います。

F. 集まりの評価

30. ACのゲストは、口頭や文書［例えば、コメントブック］によって、常に、
ACの評価をするよう協力を求められます。

31. 各集まりでのゲスト数をカウントします。[認知症をもつ人、家族、友人、
介護者、その他]

32. AC の運営委員会は、少なくとも2、3年ごとに、雰囲気、内容、討論、
案内デスクについての評価を行います。

33. ACの運営委員会は、QCCに従って毎年ACの評価を行い、その評価結果
をACの適切な担当者に送付します。

メモリーカフェ
開設のための手引書

1	メモリーカフェとは	128
2	メモリークリニックとは	130
3	メモリーカフェはどんな人たちのためにサービスを提供しているのですか	130
4	メモリーカフェの運営／管理	132
5	良い実践のためのガイドライン	134
6	資金調達とメモリーカフェの長期運営のために	137
7	新規メモリーカフェ開設のためにしておくべきこと	139
8	総合的な情報	147
9	メモリーカフェに関するアンケート	156
10	経費	159
11	診療所に送るメモリーカフェ案内の手紙の参考例	162

著者 デビット・ライト／ジム・デルブス

免責事項：この文書は手引書となることを意図したものであり、その使用および解釈に対して、著者および代理人は一切責任を負うものではありません。

（翻訳：中川経子）

1 メモリーカフェとは

　メモリーカフェとは、短期記憶障害がある（自分は、よくもの忘れをする）と感じている人、あるいはそのような人が身近にいるという人（そのような人を知っている人）は、誰でも、予約なしに立ち寄って、経験を積んだボランティアやメンタルヘルスチーム（Mental Health Team）の専門家に相談にのってもらうことができる場所です。

　メモリーカフェのスタッフは、来訪者を専門医に直接紹介したり、医師に代わって記憶障害の診断を下したりすることはできません。しかし、応対した専門家が、さらなる評価が必要である、または、望ましいと考えた場合には、その人のかかりつけ医を通して専門医に紹介してもらえるように支援することができます。

　メモリーカフェは直接病院へ行くことを望まない人々が早期診断を受けられるよう、従来とは別の有効な方法を提供しています。

　メモリーカフェは認知症の医療やケアサービス制度への入り口として、既存のものとは別の有効で新しい道となる可能性があります。

　一部のメモリーカフェは、認知症をもつ来訪者にとっては大きな刺激となり励ましを与え、介護者にとっては経験や情報を交換する機会を提供しています。ほとんどのカフェでは、社交的・親睦的要素がもともと考えられていた以上に大切なものとなっています。偏見や差別をこうむることなく、同じ境遇の人たちが相互に支援をしあうこと（ピア・サポート）、社会とかかわり合うことが、急速な勢いでこのサービスの重要な焦点となってきています。

　例えば、困難な時期、例えば自分の家族が認知症で入院している時に、その人の介護者が支援を得られるよう、訓練を受けたボランティアが手

助けをしてくれます。スタッフやボランティアは、新しく生じるかもしれない状況を注意深く見守り、その他にも、家庭内で暴力が起きている場合などには、そのような事実を報告するという役割も果たしてきています。

　同じような関心事や問題をかかえている人々が集まる場所をつくることによって、メモリーカフェは、今までになかった非常に重要な支援サービスを充実、強化させ、情報や専門的知識を、最大限に役立てることができるよう、1つの窓口で直接に伝えることができるようにしています。

　記憶障害や認知症をもつ人たちや彼らの介護をしている人たちが、同じような境遇の人たちと、定期的に出会う機会を得ます。情報を得られるだけでなく、認知症や記憶障害に対処するための実際に役に立つ助言を得ることもできます。このような出会いの結果、多くの人たちが親睦を深め、メモリーカフェという環境の外でも、お互いに支援し合うことができるようになるのです。この形式ばらない環境が、感情面でも支えとなり、認知症をもつ人たちやその介護者や家族の人たちの多くが感じている孤立感も和らげられます。

　2009年2月に、英国政府が打ち出した認知症国家戦略（The National Dementia Strategy）は、"同じような立場の人たちの間の相互支援、ピア・サポートが得られ、専門知識や情報が共有される出会いの場所"を、非常に重要視しています。

　メモリーカフェは、国家戦略のこの目標と、よく合致しています。しかし、メモリーカフェを認知症や記憶障害のある人たちを一時的に託して介護や見守りをしてもらう場所、あるいは、介護者や家族が息抜きをするために認知症をもつ人の介護サービスを一時的に提供してくれる施設と考えるべきではありません。

　メモリーカフェは、NHS（英国国民医療サービス）によって運営され

ている、認知症に関する正式な評価や診断サービスを提供する事業体で
あるメモリークリニックとは、まったく異なるものです。

2　メモリークリニックとは※

　メモリークリニックとは、資格のある専門医とそのチームの権限のも
と、その人の精神的な健康について詳細な医学的評価を行う場所です。

　メモリークリニックへの紹介は、かかりつけ医（一般開業医、主治医）
を介してのみ有効ですが、事情によっては、病院や介護・福祉担当者か
らの紹介も有効です。メモリークリニックは、一般の人たちからの直接の
紹介には応じることはできません。

　その人のかかりつけ医（主治医）は、初期の認知症症状と類似の症状
を引き起こす可能性がある身体的な原因を鑑別しておくべきなので、この
ような紹介経路を踏むことは重要なのです。

> ※ここでは、メモリーカフェよりも先行してサービスが行われているメモリークリ
> ニックとの違いを最初に述べておくために、記載されているものと考えます（監
> 訳者註）。

3　メモリーカフェはどんな人たちのためにサービスを
　提供しているのですか

　メモリーカフェのサービスは、次のような人たちのために提供されてい
ます。

- ・認知症の診断を受けた人たち
- ・自分の記憶力（記憶の低下、もの忘れ）について悩んでいる人たち
- ・認知症や記憶障害のために困難な経験をしている人たちのことを心配している人たち

　認知症をもっている人たちや記憶力について悩んでいる人たちは、それが差し支えなければ、同伴者なしでも、あるいは、家族や友人や援助者と一緒に参加することができます。しかし、次のような特別なケアを必要としている認知症の人たちが、同伴者なしに訪れるには、メモリーカフェのサービスは適していないということを、家族や友人や援助者に、明確に伝えられていなければなりません。

- ・排泄（排便、排尿）について介護や支援を必要とする場合
- ・移動する際に介助を必要とする場合
- ・強い不安をもっている場合
- ・強い興奮や易怒性などの対応困難な行動がある場合
- ・観察（モニタリング）を必要とする健康状態にある場合

　このサービスは自由に使えるサービスとして提供されるべきで、事前に予約をする必要はありません。また、正式な紹介状や評価も必要ありません。

　個々の利用者にとって、メモリーカフェのサービスが適切ではなくなったことがわかった時には、コーディネーターは、それぞれの利用者とその介護者と相談する権利をもっています。適切ではなくなった理由として考えられるものには次のようなものがあります。

- 認知症をもつ人のその行動が、他の参加者の不利益になるほどに、そこでの催し物や出来事を中断させたり、混乱させたりする場合
- 認知症をもつ人の健康状態が悪化してしまい、カフェのようなインフォーマルな環境ではその人のニーズが満たされなくなった場合
- その人がメモリーカフェに参加することが、その人のニーズにかなっていないと思われる場合には、その人のニーズの程度に即した支援が提供されるよう、メモリーカフェに代わる施設を紹介できる体制が整えられていて、機能していなければなりません。このような施設には、フォーマルなサービス、あるいは地域のメンタルヘルスチームなどの組織が含まれています

　すでに介護を終えて、その責任がなくなった介護者がメモリーカフェに訪れることを思いとどまらせるようなことは、どのカフェであってもすべきではありません。とはいえ、カフェの活動の焦点は認知症をもつ人とその介護者にあるので、ある程度の期間はカフェを通して、それまで介護者であった人を支援することはできますが、そのような人にとって、カフェよりも適切なサービスを提供できる場所を、深い思いやりをもって勧めてあげるのが良いでしょう。

4　メモリーカフェの運営／管理

　多くのメモリーカフェは、自主的に運営されていますが、フォーマルなサービスや慈善団体（現在は、「第三セクター」と呼ばれている）にとっては、全面的に協力して活動できる理想的な機会となっています。実際、

メモリーカフェはこのような協力体制をもつことによって費用対効果を高め、最善の結果を出すということが認識されています。進んでボランティアになることを申し出る人たちの多くは、認知症とかかわった経験がありますが、そのような経験がない人たちは、認知症に関する知識を深めるための研修を受けることができます。

　組織の管理・運営の大部分は第三セクターによって行われており、ボランティアが要員の大半を占めていますが、ほとんどの組織が、メモリーカフェは高齢者精神衛生チーム（Older Person Mental Health Team）の医療専門職の支援が不可欠であると考えています。普通、このような医療従事者は、地域精神衛生専門看護師（Community Psychiatric Nurse）で、予約なしに「ちょっと立ち寄る」人は誰でも、相談にのり、初期／早期の評価を行うことができます。案外堅苦しいものではなく、誰かがCPNと会いたいという希望があれば、その時にだけその場にいるようにすればよいのです。

　メモリーカフェを最も効果的に運営するには、パートタイマーでの雇用を考慮すると有利です。パートタイマーには、働いた時だけ報酬を支払えばよいからです。

　スタッフの配置数は様々で、多くの場合、活動できるボランティアの数に左右されます。一般的には、ボランティアのスタッフ1人に対し利用者4人か5人という比率ならばうまく機能すると考えられています。心に留めておかなければならないのは、紅茶やコーヒーも重要ではありますが、ボランティアが利用者の話に耳を傾ける時間と能力は、等しく重要であるということです。誰か話を聞いてくれる人がいるというだけで、ストレスをかかえている介護者にとっては生活の質に大きな変化をもたらし、支えとなるのです。

　これは、述べておくのが望ましいことですが、地域の保健行政者は、

一部、運営面の支援を提供することが、当局にとっても利益になることに留意すべきです。メモリーカフェが安いサービスであると考えられたり、デイ・ケアの代わりであると見なされるようなことがあってはなりません。

　認知症の人とその家族とのパートナーシップの理念に基づいたカフェ運営の真髄はまさにその中にこそあり、このサービスが、重要な目的の1つを、確実に実現できるようにすることが、すべての当事者にとっての利益となります。つまり、（認知症をもつ）人々が、より長く、家庭環境にとどまることができるようにすることです。

5　良い実践のためのガイドライン

- 認知症をもつ人たちとその介護者の生活の質が最高のものとなるよう、全力を尽くします
- 偏見や差別を受ける可能性（リスク）を心配することなく、自分たちの問題を何でも率直に話すことができるよう、個人情報が守られる安心な環境の中で、きちんとした枠組みに沿った集いの場を定期的に提供します。病院や診療所とは違う、来訪者たちがくつろげる環境を用意します
- メモリーカフェの役割を果たし、来訪者1人ひとりのニーズを満たすよう、熟練したボランティアによるサービスを提供します
- メンタルヘルスや介護の専門家たち、特定の分野の専門知識をもっている人たちと協力して取り組むことを目指し、情報を提供し、必要に応じて適切なフォーマルなサービス提供機関に紹介します

- 認知症の人たちとその介護者が、どんな時でも計画や活動の中心にいることを、常に肝に銘じてサービスを提供します

- 介護者を積極的に支援し、それによって認知症の人たちが最大限の自律性を維持していけるよう、また、家庭で過ごしていけるように取り組みます

- その人たちが心配事や問題や疑問に思っていることに進んで耳を傾け、それを表現できるように支援し、同時に、彼らのプライバシーを守る権利を尊重します

- 地域やあらゆるグループの人たちに、こちらから手を差し伸べ、メモリーカフェに参加してもらえるよう働きかけ、孤立をなくし、文化的な違いや、個人的なニーズに敏感に対応できるよう、先を見据えた取り組みを積極的に行います

- 卓越した質のサービスを提供するために全力を尽くします

- 高水準の質のサービスが常に提供されるようにするため、実際に役に立つ自己評価の仕組みを、備えるよう心がけます

- より多くの情報の取得を図り、関連する他のサービスが利用できるよう案内します

　ボランティアとスタッフが、メモリーカフェの来訪者を支援することができるよう、意識向上のための有意義な研修が提供されなければなりません。

　カフェのボランティアとスタッフは、この活動を円滑にするための世話役としての役目のみを果たし、カフェの運営を支えるために存在しています。彼らは情報を得るため、あるいは、提供された情報を理解するために特別の支援を必要とする人たちの手助けをするためにカフェにいます。

したがって、

- メモリーカフェをフォーマルなケアサービス提供者としてとらえるべきではありません
- 来訪者の医療・介護的に正式なアセスメントは行いません
- 個人に対する集中的なケースマネジメントは行いません
- 身の回りの介護は行いません
- 基本的な応急処置以外の治療行為（インスリン注射、創傷包帯、市販薬や処方薬の服薬介助など）は、行いません
- カフェに来訪する誰に対しても、公的な責任は引き受けません
- 公式な助言や代弁的なサービスは提供されません
- 介護者はメモリーカフェを短時間の休憩のために、一時的に認知症をもつ人の介護や見守りを託す場所として利用することはできません。コーディネーターは、休息のためにサービスを利用しようとする介護者が認知症をもつ人たちを託そうとする場合には、その受け入れを拒否する権利をもっています
- メモリーカフェは定期的に開催されるべきです。認知症に関する特別の訓練を受けたメンタルヘルスの専門家が、集いの一部あるいは全部に出席し、専門的な助言や支援を提供すべきです
- 「1対1」で身の回りの介護をすることがないため、ボランティアおよびスタッフの犯罪履歴調査（CRB）は義務づけられていません

6 資金調達とメモリーカフェの長期運営のために

●資金調達

　2009年2月に認知症国家戦略が打ち出されて初めて、メモリーカフェには高い優先順位が与えられるようになりました。それまではおそらく、認知症の人やその家族にとって少し役に立つ、補足的なものと考えられていた可能性があります。現在では、認知症をもつ人たちを、できるだけ長く家庭環境でケアできるようにするために不可欠な場所であると認識されるようになっています。

　メモリーカフェの大半は、地域の公共保健事業機関や地域のボランティア団体の職員たち個人によって始められたものです。カフェのほとんどが少ない予算で運営されており、毎週、2週間ごと、あるいは1ヵ月ごとに開かれています。

　家賃や保険、紅茶・コーヒー・ビスケットなどの準備にかかる諸経費を考えなければなりません。運営費については明細書を作成しなければなりません。多少の初期費用も必要となるかもしれませんが、期間で分散することを考えます。正式な事業計画の作成は重要です。

　寄付金を募ることは義務づけられていませんが、募金箱を置いているメモリーカフェもいくつかあります。募金では諸経費をまかなうことは不可能ですが、たいていの場合、紅茶やコーヒー、ビスケットを用意する費用は十分にまかなうだけの寄付金を集めることはできます。

　現在、資金調達をするための、より明確な道筋が見えてきています。プライマリーケア・トラスト（Primary Care Trusts ／イギリスの保険組合）と公的機関がメモリーカフェにサービスを委託することについて議論しているところです。これは良いことではありますが、資金には要求（必

要条件)が伴ってくる可能性があります。いずれにしても、メモリーカフェは、公的資金に頼ってサービスを実施すべきではなく、様々な資金源からの資金調達を得るよう努力を続けるべきです。

公的資金は歓迎されますが、地域社会が確実に関与し続けていくように、ボランティア団体や商店・企業などが、メモリーカフェを自分たちの地域の大事な資源として責任をもって運営することが奨励されるべきであり、また維持されなければならないということが認識されています。また、認知症に対する意識の向上や、認知症に連なる偏見や差別の撲滅を確実に推進するためにも、地域社会の関与は奨励され、維持されなければならないということも認識されています。

さらに多くの人たちにサービスを提供する必要が出てくると、多分、今までより頻繁にメモリーカフェを開かなければならないことになるでしょう。

●メモリーカフェの長期運営

メモリーカフェネットワークの持続可能性を検討することが不可欠です。

より長期的な観点からは、メモリーカフェの名前で小規模の福祉事業の設立を検討すべきであり、そうすれば資金調達が容易になり、メモリーカフェの長期的な運営をより確かなものにすることができます。

7 新規メモリーカフェ開設のためにしておくべきこと

1. 地域の様々な組織からなるメモリーカフェ運営グループの設立、世話役・コーディネーターの任命

2. 資金調達・福祉事業

3. 事業計画の作成（第10節「経費」159ページ参照）

4. メモリーカフェの場所の確保

5. メモリーカフェに必要な設備

6. 衛生安全についての手続き

7. スタッフ（ボランティア）の採用

8. スタッフの研修

9. 医療専門職との提携（CPNの参加に関するメンタルヘルスチームとの連携等）

10. メモリーカフェの運営方法を知るために既存のカフェを訪問し、メモリーカフェの役割に関する考え方をカフェコーディネーターに聞いておく

11. 備品

12. アクティビティー（の計画と準備）

13. メモリーカフェで配付する情報

14. サービスの宣伝。メモリーカフェとその広告の例を参照するには、www.memorycafes.org.uk へ

15. **開始日を決めること。開始日を決めなければ、メモリーカフェは始まらない**

1. 運営グループ

　メモリーカフェの運営を監督するため、様々な組織や関心をもっている人たちから成る運営グループを設立し、そのメンバーは全員、メモリーカフェの利益のために協力して取り組みます。

　次のような広い層から関心をもつ人たちにかかわってもらいます。

- 地元の議会議員
- 地域のNHSトラスト協議会（County Partnership NHS Trust）
- 地域の保険組合（County Primary Care Trust）
- 診療所
- ライオンズクラブ
- ロータリークラブ
- ボランティア団体
- 個人のボランティア

2. 資金調達・福祉事業

資金調達

- 地元でのメモリーカフェ設置を目的に働きかける資金調達先として、組織や団体を選びます
- 様々な組織や公的資金／基金からの補助金を申請します
- 資金集めのためのイベントを開催します

福祉事業

　カフェの運営グループの理事や選出役員たちが、長期的な観点から、メモリーカフェという名前を使って小規模の福祉事業の設立を検討します。

- 福祉事業として、様々な組織からの補助金を申請することができま

す。Community Voluntary Services（CVS）が申請の手助けをして
くれます

- 小規模の福祉事業（補助金5000ユーロ未満）については、下記
Charity Commissionsのウェブサイトで確認することができます
www.charitycommission.gov.uk

3. 事業計画の作成

→第10節「経費」（159ページ参照）

4. メモリーカフェの場所の確保

- できれば、バス通り沿いにある場所に設置すると良い
- できれば、駐車場があると良い
- セントジョン・アンビュランス・ホール（イギリスの救急団体の建物）
- 教会の集会所／会館（メソジスト派、英国国教会、ローマカトリック
教会、バプテスト派、合同改革派、ペンテコステ派などの教会）
- 市区町村役場／公会堂
- ホテル（ランチに最適）
- 公民館
- コミュニティーセンター
- パブ
- 集いの場所は、定期的に利用できるような物件を確保します。立ち
上げに成功しても、集いの場所を失うことになれば本末転倒となる
でしょう。メモリーカフェのサービスを提供する物件の所有者に長期
契約の交渉を試みると良いでしょう。地元に根ざした、優良な利用
者グループを長期間確保でき、所有者の利益にもなるので、大半の
所有者は快く（異存なく）応じてくれるでしょう

5. メモリーカフェに必要な設備

物件は、次のような条件を満たしていなければなりません。

- 車椅子で来場しやすいこと
- トイレの設備が整っており、障害があっても利用しやすいこと
- 火災避難経路／用具が安全で利用しやすいこと
- 台所用品のそろったキッチンがついていて、特に、食器洗い機があ れればボランティアの手間を省くことができます
- 1階のフロアで、40人までが着席できること
- 来訪者が迷わないように、入り口や出口がわかりやすいこと
- はめ殺し窓あるいは安全で隙間の少ない窓であること
- 適切な温度を保つことができる暖房装置があること（日本では冷房 設備も必要：監訳者註）
- 難聴の人々が困る可能性があるので、音が反響しないようになって いること
- 来訪する人たちが快適に使用できるように、椅子やテーブルが十分 に用意されていること
- あまりにも狭い場所を、絶対に、選ばないようにすること。このサー ビスの需要は、常に増え続けていて、あるメモリーカフェでは、3年 前には一握りの利用者しかいませんでしたが、今では毎週50人近い 利用があります
- メモリーカフェは徐々に発展するので、定常的な運営に達するには 何ヵ月もかかる可能性があります

6. 安全と衛生

- 危険なことがないか、確認すること
- 火災避難手順を整え、いつでも対応できるようにしておくこと

- すべての電気機器について点検済みの認証を得ていること
- 第三者損害賠償保険（一般／対人対物損害賠償責任保険）に加入すること。以下参考まで：メソジスト保険 www.methodistinsurance.co.uk/community
- 参加者の名簿を用意し、記録しておくこと
- 名簿などを含め、メモリーカフェの記録を残しておくこと
- 救急箱を常備すること
- 応急処置の研修を行うこと

7. スタッフの採用

- メモリーカフェの世話役／コーディネーター
- ボランティアスタッフ
- 介護者や以前に介護を経験したことのある人は、記憶障害をもっている人たちの対処にかかわる問題を理解しているので、スタッフとして適しています
- スタッフ1人につき利用者4〜5人の比率を考えること
- 医療専門職
- 契約スタッフを導入すること。例えば、マッサージ師やリフレクソロジーの専門家などと契約して、ストレスやリラクゼーションについて話してもらう

　メモリーカフェの場所となる物件が決まる前にボランティアを募集することについては、議論の余地があります。物件探しの助けにはなりますが、多くのボランティアは、契約に同意する前に自分がどこで働くことになるのかを知りたいと思っています。

　ボランティアは全員、認知症に関する問題に認識をもち、進んで研

修を受けるべきです。ボランティア全員がこの活動に向いているわけではないため、両者（採用側とボランティア側）の間で試用／見習い期間を設ける必要があります。

カフェの運営を成功させるには、様々なスキル（技能）が求められるので、ボランティアを選ぶ際には、このことを考慮に入れる必要があります。このようなスキルとしては、次のようなものがあります。

- あらゆる立場の人たちとのコミュニケーションをとることができる
- 大勢の前で自信をもって話をすることができる
- 医療専門職と話をすることができる
- 人の話を聴くことができる（傾聴することができる）
- キッチンやウエイターの仕事ができる
- 守秘義務について理解することができる
- 共感することができる

ここに挙げたスキルをすべて備えている人はいないので、採用する際には様々なスキルをもった人たちを探すことが重要です。

8. スタッフの研修内容

- 認知症に対する認識
- 応急処置
- 健康と安全管理
- 基本的な衛生知識
- ボランティアの役割

9. 医療専門職との連携

→第4節「メモリーカフェの運営／管理」（132ページ参照）

10. メモリーカフェの運営方法を知るために

- メモリーカフェの運営方法を知るために既存のカフェを訪問し、メモリーカフェの役割に関する考え方をカフェコーディネーターに聞いておく

11. 備品

- 救急箱
- CDをかけるためのオーディオセット。音楽の選択に関しては、メモリーカフェに集まる人たちに配慮すること
- ホワイトボードとマーカー
- フリップチャート
- 能力を引き出すために役立つ、木製の大きなジグソーパズル（60ピース以下）
- メモリーボックスや、昔使われていた品物
- 懐かしい記憶を呼び起こすような風景のカードなどは、会話を盛り上げる
- 古い写真
- オーバーヘッドプロジェクター（OHP）
- 大きな木製のドミノ牌（札）
- テーブルクロスや花瓶
- 布巾、ゴム手袋、洗剤など

12. アクティビティー（活動）

- アナグラムゲーム（文字や数字の並び替え遊び）など、精神活動を刺激し、能力を引き出すゲーム
- 音楽は常に人気があり、一緒に歌えるものは、多くの人たちにも歌っ

てもらえます

- ビンゴはみんなが楽しめるゲームです。来訪者たちがちょっとした賞品を持ち寄って来ることもよくあります

ゲームについていけない人たちがいたら、ボランティアを必ずその場に配置して、その人たちの手助けができるようにしておくべきです。

13. 情報

- ビラを置くテーブル
- メモリーカフェで提供されるサービスを改善するため、アンケートを実施して情報収集をします
- ポスターやチラシ
- 「認知症を介護する人のためのガイド」 を用いて、介護者が Rotarians Easing Problems of Dementia（REPoD ／認知症の課題を助けるためのロータリークラブ会員）のウェブサイト www.repod.org.uk など関連筋から情報を得る手助けをします
- 給付金や障害者手当、安全、経済的・法的なことなど、特定のテーマについて話してくれる講師を招きます

14. メモリーカフェの宣伝

次のような場所にポスターを貼ってもらったり、チラシを置いてもらうと良いでしょう。

- 一般開業医の診療所
- 地域精神保健センターの事務局
- 介護者支援スタッフの事業所
- 薬局によっては、店舗にポスターを貼らせてもらえることがあります
- 公立図書館

- 地域の掲示板
- 教会の集会所／会館
- 地元や全国的な福祉団体の事務局
- 地元の道路案内サービス
- 新聞や地元ラジオの報道は、新規のメモリーカフェ事業を開始する際には特に有益です
- ライオンズクラブ、ロータリークラブ、その他のボランティア組織
- メモリーカフェをまだ知らない人に手を差し伸べ続けるために、継続して広告・宣伝をします

15. カフェ開始の日取りを決めること。
日取りを決めない限り、メモリーカフェは始まりません

8 総合的な情報

メモリーカフェの運営

●メモリーカフェではどんなことが起き、どんなことをするのでしょう

- ちょっと立ち寄ってかまわない場所なので、予約の必要はありません
- テーブルと椅子はカフェ風にしつらえてあります
- 来訪者には、入り口のドアのところで歓迎のあいさつがあり、名前を記入してもらい、くつろいでもらいます
- 紅茶、コーヒー、スカッシュ、ビスケットなどが出てきます
- 来訪者は、別室や静かなところでCPNに個別に相談をすることもで

きます
- CPNが必要と判断した場合、その来訪者がメモリークリニックで検査を受けられるように、まず、その人の主治医に紹介状を書き、その主治医から専門医宛ての紹介状を書いてもらえるようにする場合があります
- 情報や資料を用意してあるテーブルが設けてあります
- メモリーカフェの重要な役割は、同じような境遇の来訪者同士が相互に支援（ピア・サポート）し合えるようにすることです

● メモリーカフェに求められる成果
- 参加者たちが孤立することなく社会とのかかわりをもてるようになること
- 同じような境遇の人たちの間の相互支援が行われるようになること
- 情報や教育の提供を受けること
- 気軽に専門家による保健サービスを利用できること
- 早期診断への支援が受けられること
- くつろいだ雰囲気の中で過ごせること

● 新規参加者の手続きは、コーディネーターまたはその代理者が行います
　コーディネーターまたはその代理者は次のようなことを確認する必要があります。
- 新規の来訪者はどのようにしてメモリーカフェのことを知ったのですか
- 誰かに紹介されて来訪したのですか
- これまでに認知症と診断されたことがありますか
- 特に、健康問題または身体的な問題がありますか

- 連絡先の詳細を聴き取り、登録簿に記入しておきます
- 登録簿は、安全に保管し、誰もが見えるところに置くことは禁物です
- 新規参加者が、メモリーカフェの条件に照らし、カフェの利用者グループに合うかどうかを判断し、デイケアを探しているだけの人には、思いとどまるように説得します

●コーディネーター／世話人の役割

- メモリーカフェが最終的に成功するかどうかは、組織の最初の立ち上げにかかっていますが、これには、優秀なコーディネーター（世話人）が大きな役割を担っています
- カフェ開催の中心となる場所を用意すること
- ボランティアチームを確保して維持すること
- カフェのサービスを宣伝すること
- 医療専門職と継続的に連絡をとること
- 資金提供者に報告するため、簡単な記録や統計をとっておくこと
- 研修を主催すること
- 予定表を、毎回、用意すること。そうすれば、ボランティアは、どんなことが行われるのかを把握することができます
- 出迎えとあいさつ係、キッチン当番、相互支援やもてなしのための会話係など、役割の種類別にボランティアチームを編成します

留意事項：ボランティア全員が利用者と知り合いになることができるように、特に出迎えとあいさつについては、交代で行うと良いでしょう。

●ボランティアの重要性（価値）を認める

ボランティアの役割を議論する前に、まず、ボランティアの存在がいか

に重要であるかを強調しておきます。

- ボランティアはメモリーカフェの原動力（エンジン）です
- ボランティアが自分たちの役割について、はっきりとした理解をもっていることを確認しましょう
- ボランティアのための研修や、励ましが最も重要です
- 私たちは、みんな人間ですから、ちょっとした言葉でほめてもらえると認められていると感じます
- ボランティアチームが外出したり、グループで一緒に食事に出かけたりすることができるように時間を設けましょう。これは、ボランティアの士気を高める上で驚くほどの効果があります

メモリーカフェでのボランティアの役割

：ボランティアに対して運営者が必ず実施しなければならないことは

- 導入研修
- 認知症に対する意識向上のための基礎的な研修
- 継続的な支援
- 交通費および、事前に取り決めてある臨時経費の支払い

：メモリーカフェで、ボランティアが必ず実行しなければならないことは

- メモリーカフェの集いがあるごとに３時間活動することです。（時間は集いの時間の長さにもよります）

●ボランティアが果たすべき仕事と責任は

- 集いの場所の準備をすること
- メモリーカフェ開始時に場所の準備と設営をすること

- 予想される来訪者の数に見合ったテーブルを準備すること。1つの テーブルに6〜8人が着席できるようにすること。テーブルの配置に ついては、それまでの集いの経験を生かすこと
- CPNや医療専門職が新規来訪者や常連の参加者の相談にのる際に使 えるよう、小さなテーブルを別に用意すること。別室や静かな場所に 用意すると良いでしょう
- 来訪者名簿に名前を記入し、管理すること
- メモリーカフェへの来訪者を歓迎すること。あらかじめ用意したいく つかの名札が入った箱から名札を取り出してわたすこと
- 良き支援者として奉仕し、新たな来訪者も常連の来訪者も歓迎され ていると感じられるよう、また、くつろいで過ごしてもらえるように 努めること
- 紅茶、コーヒー、スカッシュ、ビスケットなどの軽食や飲み物を用意 すること
- 来訪者がカフェにいる間はくつろぐことができるよう、打ち解けた会 話を交わして、元気づけるようにすること
- 来訪者に対し、要望に応じて施設や提供されているアクティビティー の案内をすること。これには、参加している医療専門職やアドバイ ザーの席への案内や紹介をすることも含まれています
- 来訪者のストレスのサインに敏感に気づくことができるよう注意を払 い、助けが必要な場合には誰に連絡すべきかを心得ておくこと
- 基本的な食品衛生や健康と安全など、ボランティアの役割にとって 重要な研修に参加すること
- メモリーカフェの集いが終了したら、後片付けをしてから退出すること

●来訪者が到着する前に、ボランティアがメモリーカフェに用意してお
くもの

- 情報が記載されたビラ（National Charities のウェブサイトからダウ
ンロードしたもの）を置いておくための小さなテーブルを置くこと。
小冊子「認知症を介護する人のためのガイド」や適切だと思われる
情報が記載された他のパンフレットも置いておくこと
- 来訪者が到着する前に、ボランティアであることがわかるように名札
をつける。名札には、名前（愛称）のみを使い、できれば、パソコン
で大きくて見やすい字体を使って作っておくこと
- 現金での寄付を募るための箱や缶を用意しておくこと

●スキル（技能）と経験

- 特別な技能や経験は求められていませんが、これまでに認知症の介
護経験があれば、役に立つでしょう
- 一般の人たちとの出会いや対応を楽しんでできること
- 思いやり深く、寛容な性格は不可欠です
- 話を聞く能力のほか、さらに助けを求めていると思われる人の様子を
察知し、その後これを医療専門家に伝える能力があること

●専門的な仕事と責任

- アクティビティー・コーディネーター
- 遠足や観光など小旅行のまとめ役
- 応急処置

●来訪者の出迎え、小テーブルの設置、名札の準備

- 入り口に「出迎えてあいさつする係りの人」を置くこと

- 来訪者名簿に名前を記入すること（火災が発生した場合には、その日現場にいた人たちの名簿ともなる）
- すべての来訪者に名札を用意すること
- 出迎えてあいさつする係りの人は、介護者が認知症をもつ人を置いて立ち去ろうとしている場合にはそれを思いとどまらせるよう説得すること。メモリーカフェはデイサービスの代わりではないからです
- 新規の来訪者と介護者が到着した場合には、まず、コーディネーターなどのリーダーがその人たちと話ができるように脇に誘導し、その後で参加者グループに加わるよう案内すること
- 新規来訪者を座席に案内し、他の来訪者たちに紹介すること
- 集いのたびに、グループのメンバーを入れ替えるようにすること。強い友情が育まれることがよくあり、そのような人たちは、もちろん一緒に座るようになります

メモリーカフェのプログラム

●次に挙げるものは、メモリーカフェのプログラムについての、ちょっとしたアイデアや提案です

- できる限り2〜3ヵ月間分のプログラムを計画すること
- プログラムを厳密に計画通り実行しようとしないで、柔軟で成り行きに任せるようにすること。介護者にとっても、認知症をもっている人にとっても、さらにはボランティアにとっても、等しく楽しめるようにプログラムを進めるべきです
- ボランティア全員にプログラムを配り、どんなことが計画されているのかを把握してもらうこと。コーディネーターが参加できない場合は、ボランティアが引き継ぎ、普段通りにプログラムを実行します

●次のような提案からうまく組み合わせてください

プログラムの案

- メモリーカフェの開催時間は2時間とすること
- 第1部——出迎えとあいさつ、紅茶・コーヒー・ケーキ・ビスケット。介護者、認知症をもつ人たちと談話する。何か問題をかかえている人には、役に立つ可能性がある情報を案内したり、CPNを紹介する。あるいは、その人たちとただのおしゃべりを続ける。開始前に全員が到着しているわけではないので
- 第2部——歌を歌う、言葉遊び、音楽のセッション、講演（福祉職、弁護士など）。アクティビティーに参加したくない介護者たちが座ったままおしゃべりをしていられるような場所を、離れたところに設けておくこと
- ゲーム類、本、塗り絵、メモリーボックス、大きな木製のジグソーパズル（最大60ピース）などを置くテーブルを設け、2時間の間、十分に行えるだけのアクティビティーを用意しておくこと

●メモリーカフェでのアクティビティー

- 参加者たちにカフェで何がしたいかを尋ねること
- マッサージ
- リフレクソロジー
- リラクゼーション
- 軽い運動
- メモリーボックス（昔懐かしい遊びや道具の入った箱）
- ビンゴ
- ホワイトボードを使った言葉遊び

- 1つか2つのテーブルがあれば2時間たっぷり続けられるボードゲームなど
- クイズ
- みんなで歌う歌の集い
- タンバリン、トライアングル、カスタネット、ボンゴ、ドラムなどの簡単な打楽器を使ったリズムセッション
- 講演
- 外出
- メモリーカフェから外出して昼食をとる

メモリーカフェの全アクティビティーが掲載されたカタログの入手はこちらへ：www.winslow-cat.com　電話0845 230 2777　Fax 01246 551195
メモリーボックスはRotarians Easing Problems of Dementia（REPoD）のウェブサイト：www.repod.org.ukから入手できます。

●参加者グループを楽しませる

- 多くのメモリーカフェでは、記憶を刺激する（活性化する）簡単なゲームをして、参加者を楽しませています。アナグラムゲーム（文字や数字の並び替え遊び）が人気があります
- この提案が採用された場合には、ホワイトボード、マーカーペン、黒板ふきなどの備品が必要になる
- 簡単なクイズゲームも人気があり、通常A4シートを用いる
- 簡単でピースが大きなジグソーパズルも人気がある

●アクティビティーに関する提案

- 音楽、合唱

- 座ったままでできる運動（事前に専門家の助言を受けること）
- 懐古や追憶／メモリーボックス
- 写真や絵葉書
- スライドショー
- 専門のマッサージ師による施術は非常に人気があります
- 時々昼食を一緒にすること
- 遠足／遠出（園芸用品店など）

●特定のテーマがあるパーティー
- クリスマス
- バレンタイン
- イースター
- ハロウィーン

9　メモリーカフェに関するアンケート

　メモリーカフェへのご参加ありがとうございます。皆様とそのご家族にサービスを提供し続け、向上させてゆくために 、こちらのカフェへお越しいただいたきっかけや、カフェのサービスがどの程度お役に立っているかなどについてご意見をお聞かせください。

　ぜひ、このアンケートの11項目の質問にご回答いただければ幸いです。アンケートにお答えくださる方のお名前の明記はお願いしておりませんので、個人が特定されることはありません。いったん回収したアンケート用紙は回答をまとめた後、すべて廃棄いたします。回答にあたって、ご質

問がある方は、スタッフまでお尋ねください。

お時間をいただきありがとうございます。

1. このメモリーカフェをどのようにして知りましたか？

2. こちらには何回来訪されていますか？
　　　□今回が初めて　　□2〜9回　　□10回以上

3. こちらのメモリーカフェで何か情報が見つかりましたか？
　　　□はい　　　□いいえ

　　「はい」とお答えの場合、どれくらい役に立ちましたか？
　　　　　　　　　　　　　（数字を丸で囲んでください）
　　　　　　　　　　まったく役に立たなかった　　　とても役に立った

年金・福祉手当	0	1	2	3	4	5	6	7	8	9	10
認知症に関する情報	0	1	2	3	4	5	6	7	8	9	10
サービスに関する情報	0	1	2	3	4	5	6	7	8	9	10
その他	0	1	2	3	4	5	6	7	8	9	10

4. こちらのメモリーカフェでどのような情報を知りたいですか？

5. スタッフから助言、情報の提供、支援を受けたことがありますか？
　　　□はい　　　□いいえ

　　「はい」とお答えの場合、どれくらい役に立ちましたか？
　　　　　　　　　　　　　（数字を丸で囲んでください）
　　　　　　　　　　まったく役に立たなかった　　　とても役に立った
　　　　　　　　　　0　　1　　2　　3　　4　　5　　6　　7　　8　　9　　10

6. スタッフとどれくらい気楽に話をすることができましたか？

(数字を丸で囲んでください)

まったく気楽に話せなかった　　とても気楽に話せた

0　1　2　3　4　5　6　7　8　9　10

7. 他の来店者とどれくらい気楽に話すことができましたか？

(数字を丸で囲んでください)

まったく気楽に話せなかった　　とても気楽に話せた

0　1　2　3　4　5　6　7　8　9　10

8. このメモリーカフェで最も評価することは何ですか？

(数字を丸で囲んでください)

1（低い）〜10（高い）で評価してください

社会参加と経験の共有　0　1　2　3　4　5　6　7　8　9　10
コーヒーとケーキ　　　0　1　2　3　4　5　6　7　8　9　10
認知症に関する情報の入手　0　1　2　3　4　5　6　7　8　9　10
アロマセラピーとマッサージ　0　1　2　3　4　5　6　7　8　9　10
専門職との面談ができる　0　1　2　3　4　5　6　7　8　9　10
カフェで支援を受けられる　0　1　2　3　4　5　6　7　8　9　10

9. このメモリーカフェを人々に知ってもらうために一番良い方法は何だと思いますか？

10. 改善したほうが良いと思うことはありますか？

11. その他、ご意見がありましたらお書きください

10 経費

●メモリーカフェの経費内訳の例

受領金	
補助金	£（ユーロ）750.00
寄付金・小切手	£1000.00
寄付金・現金	£75.00
その他	£0.00
受領金総計	£1825.00
支払金	
設備投資（設備支出）	ポータブルCDプレイヤー £80.00 CD2枚 £20.00 ホワイトSボードと台 £130.00 収納箱4個×£5.00 = £20.00 ジグソーパズル／ゲーム £20.00 合計 £270.00
家賃	£360.00
給与	£10.00／時間×4時間×12 £480.00
保険	£100.00
電話	£40.00
郵便料金	£15.00
事務用品	ボールペン・フェルトペン・ホワイトボード用マーカーペン・小さな帳簿・登録簿・名札・箱ファイル・レバーアーチファイル　合計 £55.00
交通費	ボランティア5人×5マイル×0.45ペンス マイル×12回　合計 £135.00
宣伝費	紙・印刷用インク　£75.00
消耗品	紅茶・コーヒー・砂糖・ビスケット・ミルク・スカッシュ・食器洗い洗剤・ゴム手袋・ブラシ　合計 £20.00
雑貨	テーブルクロス4枚・布巾2枚・花瓶4器・メモリーボックスの中身・歌集　合計 £30.00
研修費	合計 £65.00
その他	合計 £15.00
支払金総計	総計 £1660.00

●メモリーカフェの開設前経費内訳

受領金	
補助金	
寄付金・小切手	
寄付金・現金	
その他	
受領金総計	
支払金	
設備投資（設備支出）	
家賃	
給与	
保険	
電話	
郵便料金	
事務用品	
交通費	
宣伝費	
消耗品	
雑貨	
研修費	
その他	
支払金総計	

●メモリーカフェの会計記録用紙サンプル

	4月	5月	6月	7月	8月	9月	10月	11月	12月	1月	2月	3月	計
受領金													
補助金													
寄付金													
寄付金													
その他													
受領金総計													
支払金													
設備投資 (支出)													
家賃													
給与													
保険													
電話													
郵便料金													
事務用品													
交通費													
宣伝費													
消耗品													
雑貨													
研修費													
その他													
支払金総計													
キャッシュフロー +/-													
開始残高													
決算残高													

11　診療所に送るメモリーカフェ案内の手紙の参考例

　以下にご紹介する文書は、メモリーカフェへの案内状の一例です。このような内容の手紙を、認知症をもつ人たちとその介護者たちが通う地域の診療所に送って、そこで配付してもらえるように依頼すると良いでしょう。

　介護をなさっている方へ、

メモリーカフェへのご案内

　拝啓
　私どもは最近、＿＿＿＿＿＿＿＿＿＿＿＿＿＿＿＿＿にメモリーカフェを開設いたしました。

　記憶に関して不安をかかえている方、また、大切な方や友人の記憶について心配していらっしゃる方々を対象に、気軽に立ち寄っていただけるようサービスを無料で提供しております。

　メモリーカフェでは、参加なさる方たちが、記憶障害をもっている他の方たちや介護をしている方たちと定期的に集まって、お互いの経験を話し合ったり、感情的な面でも支え合ったりすることができるような機会を提供しております。

　メモリーカフェは、医療専門職の支援を受けて訓練されたボランティアによって運営されております。来訪される方には、差別や偏見を受けることなく、くつろいだ、心地良い環境の中で支援や情報を提供できますよう心を配

ります。こちらにお越しになれば、誰にも知られることなく心配事を話し合うことができます。催し物のプログラムは、記憶障害のある方も介護をしておられる方も、共に楽しんでいただけるものになるよう工夫しております。

　メモリーカフェは、介護の手をほんのひと時休めて、大切な方とご一緒にくつろぐ場所としてご利用ください。支援と助言を得られる時期が早ければ早いほど、早期に記憶障害に関する問題の理解を深めることができます。

　どなたでも歓迎です。＿＿＿＿＿＿＿＿＿＿＿＿＿でお待ちしております。

　メモリーカフェの住所・電話番号は

　＿＿＿＿＿＿＿＿＿＿＿＿＿＿＿＿＿＿＿＿＿＿＿＿＿＿＿＿＿

　＿＿＿＿＿＿＿＿＿＿＿＿＿＿＿＿＿＿＿＿＿＿＿＿＿＿＿＿＿

　　　　毎月第４火曜日の午後2時から4時までご利用いただけます。

　□ 駐車場をご利用になれます。
　□ 交通の手配を承ります。

　お問い合わせや、さらに詳しい情報については、上記の電話番号までご連絡ください。

　　　　　　　　　　　　　　　　　　　　　　　　　　　　敬具

5

認知症カフェの取り組みから

カフェ運営者の声

京都府立洛南病院・認知症疾患医療センター **森 俊夫**
Mori Toshio

　「手引書」の登場は、手探りでカフェの運営を模索してきた人、これからカフェを開設しようとしているすべての人への「福音」です。個々が直面している条件が大きく異なる中での対話を可能にする手引書の意義を、宇治の経験を通してお伝えします。

　カフェという「新しい場」と宇治市全体を対象とした「地域づくり」との有機的なダイナミズム。それが宇治のカフェの特徴でしょうか。時間とともにその姿を変えていますが、現在のカフェは、2013年にスタートした宇治市の「初期認知症総合相談支援事業」の一環として行われ、宇治市が設置した第三セクターである宇治市福祉サービス公社に業務委託されて認知症疾患医療センターが共催するというかたちで運営されています。宇治市の人口は19万人で、6つの地域包括支援センターがあります。その圏域ごとに6ヵ所のカフェが開設されており、そのうち3ヵ所が地域の喫茶店とコミュニティーレストラン、2ヵ所が地域福祉センター（公共施設）、1ヵ所が古民家型サロンを会場とします。頻度は、毎月1回または3ヵ月ごとで、宇治市全体としては月に2～3回の開催となります。スタッフはサービス公社に配置された専任の認知症コーディネーターと私が専門職チームを形成し、そこ

に開催場所の地域包括支援センター職員、さらに専門職のボランティアスタッフが加わります。宇治のカフェの歴史は約2年ですが、その変遷は3期に整理できます。

● 第1期　カフェの始動

　始まりは2012年12月に溯ります。手探りの、試行的な認知症カフェの開催でした。その中心を担ったのが若年性認知症モデルデイのテニス教室に集うメンバーでした。1回の試行を経て、当事者チーム（認知症の人と家族）を中心にした認知症カフェ準備会が開催され、「試行的カフェの感想」「今後への希望・期待・注文」「認知症カフェの構想」が話し合われ、この準備会によってカフェのイメージができあがりました。「休日の昼下がり、家族と、あるいは1人で、ワンコインを片手にぶらりとカフェに出かけてみる。時間は14時から16時の2時間。全体は3部で構成されていて、ミニ講演、ミニコンサート、そしてカフェタイムが続く。よくコーディネートされた空間。そこに認知症本人、家族、医療介護の専門職、地域住民が普段着で集まってきて休日のくつろぎのひと時を楽しむ。"対等な生活者"として場に参加しているので、誰が当事者で誰が専門職なのかわからない雰囲気が特徴である。ミニ講演は医師と当事者が担当し、コンサートは地域の音楽家を招く。カフェタイムは自由に歓談するひと時であるが、認知症当事者と地域住民が初対面であっても、くつろいで過ごせるよう工夫されている」、といったものでした。予算も後ろ盾もなく、認知症本人と家族を中心に始めた実験的なカフェでしたが、会場を引き受けてくれたコミュニティーレストランの好意とこれまで培ってきたネットワークが有効に機能し、地域の専門職が無償でスタッフを引き受けてくれ

ました。新しい場は専門職にとっても新鮮な驚きと魅力に満ちていて、そのエネルギーが場を支えてくれました。

● 第2期　宇治市の事業に

　先行した実験的なカフェの試みは、2013年6月から宇治市の事業に移行します。同時に、認知症になっても住み慣れた地域で今まで通り暮らし続けるための拠点として、段階的に6つの地域包括支援センターごとにカフェを開設することが目指されました。そして2013年8月には、認知症初期集中支援チームがスタートします。この時点で、認知症カフェという「新しい場」と認知症初期集中支援チームという「新しい機能」を両輪として宇治の認知症ケアを構築することが選択され、認知症カフェは新しい局面を迎えていきます。地域住民にとっては、カフェが自分や家族の最初の相談窓口にもなります。カフェ終了後に専門職チームが個別相談にのり、アウトリーチ機能をもつことで、医療機関の受診を拒む人にも対応が可能になりました。

　第2期の課題は、様々な条件を異にする6ヵ所の認知症カフェの運営でした。3部構成やスタッフの構成は踏襲できても新しいカフェには「居場所」としての蓄積がありません。苦慮した結果、新しいカフェは過渡的には「啓発型」と位置づけ、継続していくことで独自にそこを居場所とする当事者の登場を待つ戦略をとりました。回を重ねるごとに徐々に新しく定着していく認知症本人が誕生しています。

● 第3期　新しい変化（当事者チームの誕生）

　カフェが人を元気にし、人がカフェに力を与えることによって、カフェは絶えず姿を変えていきます。第3期の新しい変化は認知症の人

と家族に由来するものです。２年の歳月を経て、カフェは認知症の人と家族の双方にとって「ピア・サポート」の場として機能するようになり、やがて、彼らが「仲間」と呼び合う当事者チームを誕生させました。カフェやテニスの時間を超えて、自分たちで連絡をとり合い食事に行ったり、紅葉見学に出かけるようになりました。認知症という「新しい旅」を歩く仲間が見つかったことで、彼らは新しく経験している世界を言葉にし始め、認知症との付き合い方に豊かな工夫と発見が生まれています。そして取材等も含めて、仲間と一緒であれば「認知症をオープンにしてもよい」と考える本人と家族が増えていきました。自分たちの経験や発見を、後に続く人たちへの贈り物として「パンフレット」を作成しようとする動きが始まっています。やがて、当事者チームが「オレンジ・キャラバン」を形成し、６ヵ所のカフェを回って第１部のミニ講演を担当する日がくるかもしれません。こうした動きは、宇治の認知症カフェの変化を加速させ、地域を変革していく力をもちます。カフェは、そこに関与するすべての者にとって、１つの「希望」です。

カフェ de おれんじサロン
〜「社会福祉法人」が運営する1つのかたち〜

特別養護老人ホーム同和園常務理事・園長 **橋本　武也**
Hashimoto Takeya

　同和園が2011年に伏見区醍醐日野にオープンした「コミュニティカフェ工房　ひのぼっこ」で「後方支援型」の認知症カフェである「カフェ de おれんじサロン」がスタートしたのは、2013年4月からです。

　もともとこのカフェは、日野地域の様々な年代の人たちが交流できる場所として、オープンしました。当初より、若年性認知症や初期認知症の人たちを支える拠点づくりも視野に入れていました。認知症の初期段階で診断されてもすぐに介護サービスが必要なわけでもありませんが、診断とともに将来のことについて、ご本人もご家族も情報がなく、すごく不安だと思います。そんな人たちが気軽に集まれ、同じ状況の人たちが出会い、必要な情報を手に入れ、将来のために必要なサービスにつながるようにサポートしていくことを目的にしています。認知症で初期の時に大切なのが①「適切な診断」（適切な医療との出会い）②「適切な対応」（適切なケアとの出会い）③「適切な情報」（認知症に関する社会資源との出会い）です。いわゆる、「つながる」ということ、リンクさせることがとても大切で、カフェのスタッフには、「リンクワーカー」としての役割が求められます。そのためには適切な認知症の知識とその対応の技術が必要です。また、認知症カフェを運営していくことでもう1つ大切なこととしては、「継続性」です。始めたからには持続していかねば

その責任は果たせません。そのためには、「社会福祉法人」が中心となり、カフェを運営していくことが安定につながりやすいと思っています。このような制度化される前の新しい取り組みを先駆的に行うことはそもそも社会福祉法人の本来の使命です。直接運営しなくとも、運営をしているボランティア団体などを人的、資金的に支援していくこともできると思います。「入り口」（初期）から「出口」（症状の進行に伴う重度化）まで切れ目なく、そして持続的に責任を果たすために「社会福祉法人」がかかわり続けることはとても意義のあることです。私たちのカフェでは、法人の居宅介護支援事業所と地域包括支援センターと法人の管理職が中心となり運営しています。

【認知症カフェ運営で大切にしていること】
〜また行ってみようかなと思える場所であるために〜
①カフェという落ち着いた雰囲気でくつろげる場所になっている
②音楽やコーヒーを楽しむことから、居心地の良さがある
③なじみがあり、知っている人がいて、1人でも安心して行ける
④自分のことを語っても良い雰囲気があり、自分らしさを発揮できる場所となっている
⑤認知症のことを隠さずに交流できる雰囲気がある
⑥家族同士の情報交換の場所となっている
⑦専門スタッフがいて、気軽に相談にのってもらえる
⑧自然なかたちで必要とされる機関へつながる

ボランティアとしての
認知症カフェへのかかわり

　認知症カフェに市民ボランティアがかかわることはとても大切なことです。ここでは、オレンジカフェ今出川のボランティアとして2年以上参加している元廣敦子さんに、カフェボランティアになろうと思った経緯と、ボランティアになってからの思いを紹介してもらいます。

❶ ボランティア活動のきっかけと、認知症という言葉に出会うまで

　平成18年3月、39年間勤めた放射線技師の職を定年退職するにあたり、その後の生活設計は？と考えていた時、17年9月の市民新聞の記事が目に止まりました。それは、とある福祉関連事業の"市民ボランティア募集"の文字でした。早速"応募の動機"を原稿用紙3枚ほどにまとめ、提出したところ、運良く採用されました。これがボランティア生活の始まりでした。

　その事業は、月1回開催されており、老若のボランティアスタッフが、ランチの店、作業所部として3名の知的障害者の通所、食事介助、傾聴、理容美容の出張、等など、地域のつながりを求めて幅広い活動をされていました。この中で、作業所の知的障害者の指導係として始めさせていただきました。しかし、なかなか意思の疎通がうまくいかず、基礎的な学びを！と思い、別の施設で研修、実践をさせていただきました。ここで、精神、こころの病等の研修も受けることができました。また、いろいろ基礎的な講座を受講させていただいている中で、地区の社会福祉協議会から、ボランティア活動の要請を受け、地区の高齢者とのかかわりの中で、"認知症"という言葉に出会いました。それとともに親友の変

化にもかかわることになりました。

❷ 認知症とのかかわり

　5年ほど前に無二の親友の変化に戸惑いを感じながらも、まさか彼女が、と否定する材料を探し求めました。息子さんや娘さんもおられ、早期発見はあたり前？と思っていましたし、認知症らしき情報は得られず、まさかと思いつつも"認知症講座"を受講しました。

　その中で、彼女の変化がすべて、認知症症状に当てはまることに愕然としました。彼女自身も、「私、認知症かもね？」という言葉が出るようになりました。この状況の中で、何とかできないかな？と思い、基礎学習を兼ねて、認知症講座、研修会に積極的に参加するようになりました。

　H23年「認知症あんしんサポーター講座」を受講し、オレンジリングをいただきました。H24年3月、「認知症あんしんサポーターアドバンス講座」を受講。その結果「認知症アドバンスサポーター」として登録されました。その間も、認知症らしき症状が出てきた親友とは、週1〜2回、詩吟のお稽古、ボランティア活動とともに行動させていただいていましたが、少しずつ進行していくのが伺えました。2年前からお稽古もボランティアも休まれるようになっていました。ご家族にも状況をお尋ねするのが憚られる雰囲気となってしまっていました。

❸ オレンジカフェ今出川への参加

　その頃、「認知症サポーターアドバンス講座」の参加者に、"認知症カフェ説明会"の案内がありました。カフェボランティアとして手を挙げ、カフェボランティア講習会2回、実践研習会1回に参加しました。カフェはH24年9月にオープンされました。スタッフは開店当初20名前後。シ

フト制で1回あたり8名ぐらいの参加です。

　カフェの開店前にミーティングがあり、終了後に反省会があります。ミーティングは、開店前の30分間、来店予定者の説明、ボランティアそれぞれの担当、注意事項、見学予定者等の報告などがあり共通認識すべきことを確認します。終了後の反省会は片付けを終えた16時頃から、当日の活動者1人ひとりが3分以内で発表、意見交換をします。

❹ ボランティア活動を始めてからの想いや反省

　基礎的な講習や実践研修を受けたものの、不安感一杯の初日でした。が、回を重ねるごとに、皆様と出会えることに、また、学ばせていただけることに、やりがいを、喜びを感じるようになりました。しかし、ここに至るまでには、認知症についての認識不足等で、戸惑いや失敗した時など、くじけそうになる時もありました。続けることの大切さを改めて感じています。

　●失敗や反省点として、①利用者の女性に、一日楽しく過ごしていただこうと思って、先走って"お茶、お水、トイレ"等、気をまわし過ぎ、世話をやきすぎて、かえって窮屈な思いになられたこと。②温厚な男性の利用者さんに、いろいろお話を聞かせていただいていて、ホッとする間もなくまた同じ話を何度も繰り返されるので、こちらが、つい指導的に助言してしまったこと。③夫と一緒に来店されている認知症の女性に、夫がすべてリードされている状況だったので、少し離れていただければと思い、場所替えをして、かえって落ち込まれたこと。等など、細かいことはいろいろありますが、知識や経験不足と「気をまわし過ぎる」ことが、逆に失敗の元と気づかせていただきました。

　●活動させていただいて良かったこと、また、素直になれる自分を見出

せたことは、①活動中に、対応に困った時や、わからない時など、専門スタッフがすぐ対応してくださり、安心して、できること。②同年代のボランティアさんたちの中で、同じ志をもっている方、価値観の同じような方たちと反省会後においても、いろいろディスカッションができ、前を向いた活動ができるとともに、やりがいを感じさせていただいていること。③ご家族から、悩みや愚痴を本音で話していただけるようになったこと。

　来店されたお客様の大半が、お帰りになる時"楽しかった""また来ます""本当に良かった"とありがたい言葉をかけてくださることが何よりうれしく、逆に元気をいただき、エネルギーをいただいています。

　●スタッフ全員のつながりを大切にして

　ミーティングは、情報の共有にとても大切で、有意義です。特に振り返りは、それぞれの思いが素直に発表され、次につながる大切な役目を果たしています。学生ボランティアさんの参加は、非常に有意義です。市民ボランティアは高齢者が多い中で、"若さ"は非常にフレッシュで、明るさに結び付いています。スタッフ同士の励ましは、心強く、そしてお互いに認めあい、共通の思いで活動すれば、カフェが、ますます楽しくなってくるのではと思います。

❺ 今後への抱負

　今、"ネット社会"と言われるように、携帯、スマホ等などで、世界は、情報が飛び交っています。が、人間は、お互い顔を見合わせ、寄り添えることで、つながっていくのでは？ないでしょうか。そのためにも、"認知症の人"と特別視するのでなく、共に寄り添って普通の社会生活が過ごせるような"居場所づくりカフェ"に少しでも役立つボランティア活動を続けていきたいと思っています。

京都市
上京区

Cafe File1
オレンジカフェ今出川

　京都御所の近く、古い町家も残る住宅街で、毎週日曜日に開いている。

　所定の活動プログラムではなく、認知症の人とその家族がスタッフを交えてお茶を飲みながら歓談するほか、そのつど考えて、散策に出かけたり、習字や手芸など利用者の特技や趣味を生かして交流したりしている。そば打ち体験やバザーの品作りなど、みんなで1つのことに取り組む場合もある。

　これまで十分ではなかった初期の認知症の人や若年性認知症の人への支援をするとともに、本人と家族介護者の間に生まれる葛藤や緊張を和らげるため、本人と家族それぞれが気楽に立ち寄れる場にすることなどの理念を掲げている。

　現在、利用者は50〜70代の認知症の人と家族約15組。ほぼ毎週利用する人もいれば、1ヵ月に1、2回の人もいる。

　スタッフは2日間の研修を受けた市民と学生のボラ

ンティア約20人がシフトを組むほか、介護や福祉、医療の専門職も加わっており、介護の悩みなどの相談に応じることもできる。市民ボランティアは京都市による上級講座を受けた認知症サポーター、学生は福祉やソーシャルビジネスを学ぶ人たちを募った。毎回、閉店後にその日の出来事を中心にスタッフ勉強会を開くほか、利用者への対応について、トラブルにつながりかねない「ヒヤリ・ハット」集を作って経験を共有したり、達成度を自己評価したりして、カフェの内容の充実に努めている。

カフェ開設から約2年を経て、オレンジカフェの活動をさらに発展させるためカフェを一緒に運営してきた仲間が集まり、2014年4月にNPO法人オレンジコモンズを設立した。同じ時期、オレンジカフェ今出川で培った地域の人々や地域の社会福祉協議会や地域包括支援センターとのつながりを基礎に、地域の関係団体で構成する実行委員会の一員としてオレンジカフェ上京を開設する原動力ともなった。オレンジカフェ上京は、地域の人であれば、誰もが事前相談することなく立ち寄れるカフェとして、オレンジカフェ今出川とは別形態の認知症カフェである。両者の運営にかかわることで、認知症カフェの新たな可能性に向けて、常に取り組んでいる。

MEMO

- 開始時期：2012年9月
- 開催日：毎週日曜日／午前10時半～午後3時半
- 利用料金：無料
- 飲食メニュー（主なもの）：
    コーヒー…100円　　紅茶…100円
- 活動プログラム：定まったものなし
- 運営者：NPO法人オレンジコモンズ

京都市 伏見区

Cafe File2
カフェ de おれんじサロン

　京都市南東部の古くからの住宅地にあるコミュニティーカフェで、月1回開かれる。事前申し込み制。利用者は毎回20人ほど。ほぼ半数が認知症の人で、ほとんどが家族など付き添いの人と一緒に利用する。孫も連れて3世代で訪れる人もいる。

　プログラムは約40分ずつの3部構成。最初の「お話タイム」では、医師やソーシャルワーカーなど専門職が、認知症や介護について講話をするほか、家族や認知症の人自身が介護や生活の工夫、思い出などを語ることもある。中盤はミニコンサート。ギターやマンドリン、大正琴などの演奏を聴いたり、それに合わせて演歌や唱歌を一緒に歌ったりする。最後の「カフェタイム」は、飲み物とシェフの手作りデザートを楽しみながら、おしゃべりに興じる時間。回を重ねるごとに利用者同士も打ち解けて、会話が弾むが、テーブルごとにスタッフが同席し、困り事を聞いて助言をしたり、介護などに関する情報を提供したりもする。

スタッフは10人弱。カフェの従業員を含め、運営する社会福祉法人同和園の職員が業務として担当するほか、京都府作業療法士会の作業療法士がボランティアで加わる。職員にはケアマネジャーや地域包括支援センターの担当者もいる。毎回終了後にミーティングをして、認知症の利用者1人ひとりについて、本人と家族の様子を中心に、その日の振り返りと今後の留意点などについて話し合い、それらの内容を「情報シート」に蓄積していく。

　会場の「コミュニティカフェ工房　ひのぼっこ」は、同和園が2011年に開設した。一帯は浄土真宗の宗祖・親鸞の生誕地として知られる京都・日野の山すそで、著名な寺院などが点在する。隣接するデイサービスと一体的に運営し、地域に開かれたカフェとして、普段はランチなども提供している。

　カフェdeおれんじサロンは、「初期認知症を生きる人と家族のカフェ」を看板にして、従来は個別に実施されていた①認知症の人の居場所・生きがいづくりの場（社会参加）②認知症の人同士が支え合う関係づくり（ピアサポート）③医療による初期スクリーニングと継続的なフォロー（入り口問題）④家族の負担軽減・心理的サポート（家族支援）――の4つの機能の1ヵ所での提供を目指している。

MEMO

- 開始時期：2013年1月
- 開催日：毎月第4日曜日　午後2時～4時　※事前申し込み制
- 会場：コミュニティーカフェ
- 利用料金：1人500円（飲食含む）
- 飲食メニュー：・コーヒー、紅茶、緑茶、ジュースなど
  　　　　　　　・季節の手作りデザート
- プログラム：お話タイム・音楽鑑賞タイム・カフェタイム
- 運営者：社会福祉法人同和園

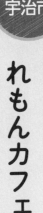

京都府
宇治市

Cafe File3
れもんカフェ

　市の北部にある地域交流型カフェレストランを中心に、4ヵ所を拠点として2013年度に開始し、2014年度は2ヵ所増やして計6ヵ所で開催している。6つある地域包括支援センターの圏域ごとに1ヵ所が用意されたことになり、主会場になっているカフェレストランでは毎月1回、それ以外のカフェや公共施設では2〜3ヵ月に1回、いずれも土曜か日曜の午後の1時間半〜2時間程度開催している。

　コーヒーなどの飲み物とお菓子がついて、1人300円程度。先着順で予約の必要はない。カフェの大黒柱的な存在の精神科医、森俊夫・京都府立洛南病院副院長による「認知症についてのお話」、地元の音楽愛好者らによる「ミニコンサート」、そして「カフェ・交流タイム」の3部構成で、認知症の人とその家族を中心に、それぞれの地域の人たちなども含めて30人〜40人が参加する。終了後には森医師やほかの専門職のスタッフらが参加者からの個別の相談にも応じる。

認知症の人と家族、地域の人たちが共に心地よく過ごすことで、認知症のイメージを変え、早期受診を促して医療や介護へつながりにくい人を減らしたいと、森医師が2012年末から試行してきた認知症カフェを、2013年6月に宇治市が「初期認知症総合相談支援」の1つとして事業化した。運営は宇治市福祉サービス公社に委託している。「認知症の人、家族介護者が安心して過ごせる居場所」「認知症の不安がある人、家族が気軽に相談できる場」「地域の人が認知症について正しい理解を深められ、専門職にとっても学びの場」「認知症の人、家族介護者、専門職、支える地域の人が出会える場」を目的に掲げ、2013年度全国14ヵ所のモデル事業の1ヵ所として始めた認知症初期集中支援チームとの連動も重視している。

回を重ねるうちに、それぞれのカフェは「認知症の人と家族の居場所型」「コミュニティーカフェ相乗りのサロン型」「地域の一般の人の参加が多い啓発型」など、会場ごとの特徴が明確になってきたという。

MEMO

- ■開始時期：2013年6月（2012年12月～試行）
- ■会場と開催日
  - ・地域交流型カフェレストランReos（リオス）槇島＝毎月1回、土曜または日曜
  - ・とんがり山のてっぺんDE　・カフェ アドリアーナ ノーヴェ
  - ・東宇治地域福祉センター　・西小倉地域福祉センター
  - ・カフェ頼政道　　　　　　＝各2～3ヵ月ごと、土曜または日曜
- ■参加費：250円～300円（茶菓つき）
- ■プログラム：第1部　認知症についてのお話
  　　　　　　　第2部　ミニコンサート
  　　　　　　　第3部　カフェ・交流タイム
- ■主催：宇治市
- ■運営：一般財団法人宇治市福祉サービス公社

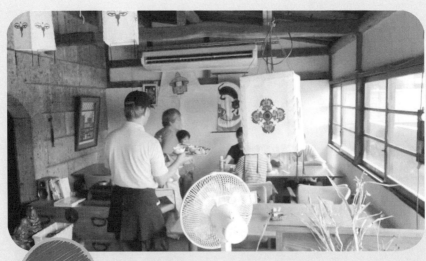

栃木県 宇都宮市

Cafe File4

若年性元気応援サロン

　栃木県宇都宮市の東部、鬼怒川沿いの古くからの集落にある「石蔵さろん」で毎月1回、第2木曜日に開かれている。飲食代金以外に料金はかからず、誰でも利用できる。

　市内に住む元会社員で、60代半ばにアルツハイマー型認知症を発症した杉村幸宏さんが、「働きたい」「人の役に立つことがしたい」と介護家族のつどいなどで話すのを聞いた「認知症の人と家族の会」栃木県支部代表世話人の金澤林子（しげこ）さんが発案し、会として2012年7月に始めた。体力的にはまだ元気な杉村さんが活動でき、認知症の人を介護する多くの家族が、ひと時をのんびり過ごせる場所になればいいと考えた。

　特に決まった活動プログラムはなく、利用者は好きな時間に来て、食事をしたりお茶を飲んだりしながら、おしゃべりをして過ごす。店内にはケーナ（南米の縦笛）の生演奏が流れたり、時には、自然発生的にみんなで歌を歌ったりして楽しむこともある。

スタッフは杉村さんと、妻の美稍子（みやこ）さんを中心にして、地域の支援者4、5人と家族の会のメンバーが交代で2人を手伝う。調理や盛りつけ、配膳と接客が主な仕事で、サロンの運営全般は金澤さんが統括している。

　会場の石蔵さろんは、大谷石造りの蔵を改修した建物で、所有していた農家が市内で高齢者支援活動をする社会福祉法人に寄付した。家族の会がここをそのつど、無償で借りて、カフェを開いている。この社会福祉法人は市の委託事業として、隣接する建物で元気なお年寄り向けのデイサービスを開いており、カフェは、このデイサービスを利用するお年寄りたちにとっても憩いの場になっている。

MEMO

- ■開始時期：2012年7月
- ■開催日：毎月第2木曜日／午前11時〜午後3時
  　　　　毎月第3日曜日／午後1時〜4時
- ■利用料金：無料
- ■飲食メニュー（主なもの）
  - ・コーヒー…100円　　・紅茶…100円
  - ・ウーロン茶…100円　・ケーキ…200円
  - ・ランチ…400円
- ■活動プログラム：定まったものなし
- ■運営者：公益社団法人認知症の人と家族の会栃木県本部

認知症カフェハンドブック
あとがき

　ある日のオレンジカフェでのこと、朝10時から30分間の予定でスタッフミーティングをしていると、10分ほどして、認知症の当事者Aさんがやってきました。スタッフの間に緊張が走ります。Aさんが同じ話を繰り返した時、どのようにスタッフが対応するのが良いか話し合っていたところだったからです。

　この日の閉店後のミーティングで、この点が問題になりました。この件に限らず、Aさんや当事者の人も一緒に議論すれば良いという意見もあれば、認知症という病気のために気がつきにくい部分なので、それは難しいという意見もありました。結局、ミーティングはスタッフの勉強時間なので、参加者が早く着いた場合は奥の部屋で新聞でも読みながら待っていただくのが良いという結論になり、それ以降は、そのようにしています。少なくとも、それがその件に関する、目下の私たちのカフェでの議論の着地点です。

　認知症カフェでは、スタッフが何をどう認識しなければならないのか、参加者は何をどう望んでいるのか、スタッフだけで話し合う場合もあれば、本人や家族の意見を聞いたり、話し合ったりする場合もありますが、1つひとつ議論の積み重ねが大切で、それを通じてそこに集う人々の認識が1つの方向に向かいます。カフェには様々な人が様々なニーズをもって集まり、スタッフも様々な見識と経験をもって集まっています。そのためカフェはサッカーゲームのように常に躍動し姿を変え、ニーズに合わせ、臨機応変に試行や議論が積み重ねられ、発展を繰り返し成熟していきます。

　マサチューセッツ工科大学（MIT）のメディアラボで所長を務める伊藤

穰一氏が、「クリエイティブな人には４つのP、すなわちProjects（プロジェクト）・Peers（仲間）・Passion（情熱）・Play（遊び）が必要」と話されていますが、認知症とより良く生きる社会を創る中で、認知症カフェはまさにプロジェクトであり、この４つのPが組み合わさってできる場所であると感じます。Play（遊び）の部分は認知症関連の活動として意外かもしれませんが、多世代交流のアートや文化という意味も持ち、21世紀型のイノベーションに必須とされる要素であると思います。カフェで楽しむ音楽や美術、地域の伝統、あるいは単におしゃべり、その他にも様々なPlayの要素がカフェにはあり、それが認知症という深刻な病気をそっと和らげる働きをもっています。

　そんなカフェがいつもそばにあること（いつもと言っても１ヵ月に１回なども含めてですが）、つまり、１回だけの取り組みではなく、継続して存在することが、認知症の人やその家族、地域の人々にとって大事なことです。認知症カフェと言っても、専門職の直接的なサポートを受けることが難しいカフェも多いと思われますので、この本では特にそれも意識して記載しています。カフェを運営するスタッフ同士で意見がまとまらないケースも多いでしょうけれど、それは認知症という病気の見極めが難しいことも原因の１つにあるはずです。お互いに勉強を積み重ねることの大切さを再認識し、仲間としてカフェを開設した情熱を継続いただければと思います。

　認知症カフェは、認知症に関していわば地域のハブとなる可能性のある場所です。情報だけでなく、認知症についての悩みや心配が行き交い、そこから人間的な交流が生まれます。また、当事者や地域の人々と専門職が生活者として出会う場所でもあります。様々な文化的交流なども伴って、人間としてのアイデンティティを見直す場所でもあるでしょうし、コミュニティーに関する新たなアプローチを試みる場所でもあるでしょう。また、

あとがき

認知症に関するその他の様々な取り組み、すなわち、初期集中支援チームや地域ケア会議などを行う上でも基盤となる人間関係の構築に役立つはずです。そのような意味で、誰もが気軽に足を運ぶことのできる環境づくり、縦横無尽に人や情報が行き交う場所としても認知症カフェが役割を担うものと考えています。

京都式オレンジプランでは、認知症になっても住み慣れた地域で豊かに生き続けることができるという「私」の確信を、10のアイメッセージというかたちで示しています（189ページ参照）。「周りの人が、私らしさや私のしたいことをいつも気にかけてくれている」「私は、趣味やレクリエーションなどしたいことがかなえられている」などのアイメッセージがかなえられるような社会は、認知症をきっかけに、認知症のことを越えてあらゆる障害に対しても、地域で支え合うことができるという信念を育んだ社会になることでしょう。この本で記載したカフェのありようは、まだまだ議論の出発点でもあり、これから多くの人々の実践がこの上に重なって、より良い認知症カフェや地域社会が実現していくものと信じています。

末尾になりますが、この本の出版に協力いただいた多くの方々に感謝いたします。イギリス版のアルツハイマーカフェの手引きの責任者であるGemma MM Jones氏とメモリーカフェの手引きの責任者であるDavid Light 、Jim Delvesの両氏、以上3名には、翻訳の快諾をいただくとともに本の発刊に関する印税の放棄もしていただき、認知症カフェ活動の基金の一部にするようにも助言をいただきました。実際、この本の印税は一部経費を除いてすべてが認知症カフェの振興に寄付されます。

この2年あまり、私と同様にカフェの活動に全力を注いでこられた京都府立洛南病院副院長・森俊夫先生、社会福祉法人同和園園長・橋本武也氏には常に貴重な議論と、実践する姿を見せていただき、この本にも寄稿いた

だきました。

　カフェを利用する立場で、常にポジティブな姿を示していただいた中西栄子・河合雅美母娘には巻頭を飾るメッセージをいただきました。お二人の他にもカフェで出会った認知症の本人や家族の声は、カフェを継続する力になりました。

　短い期間で美しい翻訳文を作成いただき出版の手がかりを与えていただいた翻訳者の中川経子さんは、認知症ケアマッピングのテキストの翻訳や認知症関係の通訳などをされていて、まさにこの本の立役者です。その中川さんとの出会いは、NPOその人を中心とした認知症ケアを考える会理事の村田康子さんが、私を講演に招いてくださったことがきっかけでした。村田さんには翻訳の中でも貴重な助言をいただきました。

　さらにさかのぼると、認知症カフェの活動に関心を持ち、企業の社会貢献活動の一環として認知症カフェの普及に取り組もうとされた朝日新聞社の福田祥史さんらCSR推進室の方々と、このような本づくりをするアイデアが芽生えました。同社の開いた「フォーラム・認知症カフェを考える」で紹介された4つのカフェの案内も、この本の中でほぼそのままのかたちで掲載することに快諾をいただきました。

　私と共にオレンジカフェ今出川の活動を継続し、2年以上にわたってほぼ毎週のように議論を重ねてきたNPO法人オレンジコモンズの役員メンバーには、この本の中核となる内容について様々な意見をもらいました。中でも同志社大学社会学部の山田裕子教授には翻訳についても貴重な助言をいただきましたし、カフェコーディネーターの青木景子氏には、カフェ運営について様々な角度からの意見をもらいました。同法人理事の萩原三義氏、高木はるみ氏、事務局長の杉浦晴美氏とも常に議論を重ね、活動においても支援いただきました。カフェボランティアの元廣敦子氏にはカフェボラン

あとがき

ティアを代表して、本の中で活動の経緯を示していただきました。

　認知症カフェの草分け的なオレンジカフェ今出川の活動に場所を貸していただいた、まちの縁側「とねりこの家」の水無瀬文子氏には常に励ましの言葉をいただき、関係者の方々と育んでこられたあたたかな雰囲気の場所と近隣との触れ合いの恩恵を共に享受させていただきました。私が2ヵ所目のカフェとしてかかわっているオレンジカフェ上京関係者の方々にもカフェ運営に際し、多くの助言・意見をいただきました。

　また、京都認知症カフェ連絡会の事務局長である宇治市福祉サービス公社の川北雄一郎氏、同連絡会世話人の東清和氏（京都市長寿すこやかセンター所長）、苅山和生氏（佛教大学作業療法科准教授）にも認知症カフェの手引きの記載について貴重な意見をいただきました。さらに、同連絡会の多数のメンバーに、素案の段階で多くの意見をいただき、その中でも京都市長寿すこやかセンターの山田久美子部長には、文章表現にいたるまで多くの助言をいただきました。

　このガイドの作成は京都地域包括ケア推進機構のスタッフの皆様と、その交付金にも支援を受けています。クリエイツかもがわの岡田温実さんにも、限られた時間の中での出版を諦めかけたところを叱咤激励かつ奔走いただき、出版にこぎつけることができました。

　最後に、この間、常に見守り、支え続けてくれた家族に心から深く感謝しています。

　2015年1月7日

　　　　　　　　　　　　　　　　　　　　　　　　武地　一

認知症の人とその家族が望むアイメッセージ

●京都式オレンジプランの10のアイメッセージを、聞き取り調査のため22項目に改変したものを示す。

1. 周りのすべての人が、認知症を正しく理解してくれている

2. 周りの人が、私らしさや私のしたい事をいつも気にかけてくれている

3. 周りの人は、私が出来る事は見守り、出来ない事はそばにいて助けてくれている

4. 私は、診断される前と同様、活動的にすごしている

5. 私は、軽いうちに診断を受け、病気を理解できた

6. 私は、将来の過ごし方まで考え決める事が出来た

7. 私は、身体の具合が悪くなったらいつでも診てもらえる

8. 私は、医療と介護の支えで住み慣れたところで健やかにすごしている

9. 私は、手助けしてもらいながら地域の一員として社会参加できている

10. 私は、私なりに社会に貢献することができている

11. 私は、生きがいを感じている

12. 私は、趣味やレクレーションなどしたいことがかなえられている

13. 私は、人生を楽しんでいる

14. 私を支えてくれている家族の生活と人生にも十分な配慮がなされている

15. 私は、家族や社会に迷惑をかけていると気兼ねすることなくすごせている

16. 私は、言葉でうまくいえなくても私の気持ちをわかってもらえている

17. 人生の終末に至るまで、わたしの思いが尊重されると思う

18. 私は、適切な情報を得ている

19. 私は、身近に何でも相談できる人がいる

20. 私には、落ち着いていられる場所がある

21. 若年性の認知症の私に合ったサービスがあるので、意欲をもって参加している

22. 私は、いまおこなわれている認知症を治す研究に期待している

PROFILE

●編著・監訳者
武地　一［たけち・はじめ］

　1986年京都大学医学部卒業。京都大学医学部附属病院、福井赤十字病院勤務を経て、1993年京都大学大学院医学研究科卒業。医学博士。大阪バイオサイエンス研究所、ドイツ・ザール大学生理学研究所博士研究員などを経て、1999年より京都大学医学部附属病院老年内科もの忘れ外来にて、早期診断、地域連携、介護者支援、高齢者総合機能評価などをテーマに認知症の診療、臨床研究を行う。2014年4月より同病院神経内科講師。日本老年医学会、日本認知症学会、日本老年精神医学会の専門医・指導医。2011年から「京都式認知症ケアを考えるつどい」の実行委員として活動し、2013年10月に発表された「京都式オレンジプラン」の策定においてもワーキンググループ委員として参加。2012年9月よりオレンジカフェ今出川の店長として認知症カフェを運営。NPO法人オレンジコモンズ理事長。京都認知症カフェ連絡会代表世話人。

●協力
京都認知症カフェ連絡会

　認知症カフェに関する情報交換、講演会、研修会などにより知識と技術の向上を計るとともに、会員相互の交流の場を目的とし、京都府下、京都市域で認知症カフェを開催している人々が集まり結成。
http://kyotocafe.jimdo.com/
https://www.facebook.com/kyoninchicafe（facebook）

NPO法人オレンジコモンズ

　認知症の人やその家族が気軽に集うことができるカフェ（認知症カフェ）を運営するとともに、認知症カフェを盛り立てていくために必要なことを行う法人。認知症とともに豊かに生きることができる社会を目指している。
http://orangecommons.jimdo.com/

認知症カフェハンドブック

2015 年 2 月 28 日　初版発行
2015 年 5 月 15 日　第 2 刷発行

編著・監訳 ● ⓒ武地　一 [Takechi Hajime]
協　　　力 ●　京都認知症カフェ連絡会
　　　　　　　NPO 法人オレンジコモンズ

発行者 ● 田島英二　info@creates-k.co.jp
発行所 ● 株式会社 クリエイツかもがわ
　　　　　〒 601-8382 京都市南区吉祥院石原上川原町 21
　　　　　電話 075（661）5741　FAX 075（693）6605
　　　　　http://www.creates-k.co.jp　info@creates-k.co.jp
　　　　　郵便振替　00990-7-150584

印刷所 ● T-PLUS ／為国印刷株式会社
ISBN978-4-86342-157-8 C0036　printed in japan

本書の内容の一部あるいは全部を無断で複写（コピー）・複製することは、特定の場合を除き、
著作者・出版社の権利の侵害になります。

■認知症関連　好評既刊本　　　　　　　　　　　　　　　　　　　　　　　　　本体価格表示

扉を開く人　クリスティーン・ブライデン

永田久美子／監修　NPO法人認知症当事者の会／編著

クリスティーンと認知症当事者を豊かに深く学べるガイドブック。
認知症の常識を変えたクリスティーン。多くの人に感銘を与えた言葉の数々、続く当事者発信と医療・ケアのチャレンジが始まった……。そして、彼女自身が語る今、そして未来へのメッセージ！　　　　　　2000円

私は私になっていく
認知症とダンスを〈改訂新版〉

クリスティーン・ブライデン／著　馬籠久美子・桧垣陽子／訳

ロングセラー『私は誰になっていくの？』を書いてから、クリスティーンは自分がなくなることへの恐怖と取り組み、自己を発見しようとする旅をしてきた。認知や感情がはがされていっても、彼女は本当の自分になっていく。　　　　　　　　　　　　　　　　　　　　　　　　2000円

私は誰になっていくの？
アルツハイマー病者から見た世界

クリスティーン・ボーデン／著　桧垣陽子／訳

20刷

認知症という絶望の淵から再び希望に向かって歩み出す感動の話！
世界でも数少ない認知症の人が書いた感情的、身体的、精神的な旅──認知症の人から見た世界が具体的かつ鮮明に分かる。　　　　　　　2000円

認知症を生きる人たちから見た地域包括ケア
「京都式認知症ケアを考えるつどい」と2012京都文書

「京都式認知症ケアを考えるつどい」実行委員会／編著

3刷

京都の認知症医療・ケアの現在と道筋をデッサンし、認知症を生きる彼・彼女から見た地域包括ケアを言語化する試み─「つどい」の全記録。　1800円

VIPSですすめるパーソン・センタード・ケア
あなたの現場に生かす実践編

ドーン・ブルッカー／著　水野裕／監修
村田康子・鈴木みずえ・中村裕子・内田達二／訳

3刷

「パーソン・センタード・ケア」の提唱者、故トム・キットウッドに師事し、彼亡き後、その実践を国際的にリードし続けた著者が、パーソン・センタード・ケアの4要素（VIPS）を掲げ、実践的な内容をわかりやすく解説。　　2200円